עורי
ישראל

«הַשֶּׁמֶשׁ יֵהָפֵךְ לְחושֶׁךְ, וְהַיָּרֵחַ לְדָם-לִפְנֵי, בּוֹא יוֹם יְהוָה,

הַגָּדוֹל, וְהַנּוֹרָא. וְהָיָה, כֹּל אֲשֶׁר-יִקְרָא בְּשֵׁם יְהוָה-יִמָּלֵט:

כִּי בְּהַר-צִיּוֹן וּבִירוּשָׁלַים תִּהְיֶה פְלֵיטָה, כַּאֲשֶׁר אָמַר יְהוָה,

וּבַשְּׂרִידִים, אֲשֶׁר יְהוָה קֹרֵא»

(יואל פרק ג׳ 4-5).

עוּרִי ישראל

מאת ד"ר ג'יי רוק לי

URIM
BOOKS

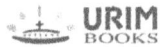

עורי ישראל מפרי עטו של: ד"ר ג'יי רוק לי
הוצא לאור על ידי ספרי אורים (הנציגה:סיונגקיון וין)
361 – 66, שינדייבאנג – דונג, דונג ג›אק גו, סיאול, קוריאה
www.urimbooks.com

אין לשכפל, להעתיק, לצלם, להקליט, לאחסן במאגר מידע, לשדר או לקלוט בכל דרך או בכל אמצעי אלקטרוני, אופטי או מכני או אחר – ספר זה או כל חלק מן החומר שבספר זה ללא רשות מפורשת בכתב מן המוציא לאור

ד"ר ג'יי רוק לי 2014 זכויות יוצרים –
כל הזכויות שמורות©

הוצא לאור בקוריאנית ע›י ספרי אורים, סיאול קוריאה.

זכויות יוצרים 2008, ©

ISBN: 978-89-7557-938-7
תורגם לאנגלית ע"י: ד"ר אסתר ק. צ'אנג

יצא לאור לראשונה בדצמבר 2007

עריכה: ד"ר גֵ'י אום סאן ווין .
עריכה עברית :שלומי אברמוב

2014 מהדורה ראשונה יוני

עיצוב: מערכת העריכה של ספרי אורים
הדפסה: ייוון-חברת הדפסה

למידע נוסף צרו איתנו קשר: urimbook@hotmail.com

פתח דבר

בשחר המאה ה-20:התרחשה שורת אירועים בלתי רגילים על אדמתה העקרה של ישראל-החלקת האדמה בה לא נמצא ולו אדם אחד שרצה להתיישב בזמנו. בני ישראל שפוזרו ברחבי מזרח אירופה, רוסיה ושאר חלקי העולם החלו לנהור לארץ שופעת בקוצים, עוני, רעב, חולי ועינוי.

למרות האחוז הגבוה של מקרי מוות כתוצאה ממלריה ורעב-לא כשלו היהודים ולא אִבדו את רמת אמונתם הגבוהה ושאיפותיהם.אך שוכנעו [הומלצו] להקים קיבוצים (מקום עבודה בישראל, כגון: מפעל או חווה-בם חיו הפועלים יַחְדיו בעודם חולקים משימות שונות ואת הכנסתם). בדיוק כשם שטען תיאודור הרצל: מייסד הציונות המודרנית: «אם תרצו, אין זו אגדה». שיקום ישראל הפך לְמציאות.

בכל ההגינות ניתן להיאמר כי :שיקום ישראל הוערך כחלום בלתי אפשרי ולא נמצא אדם שהיה מוכן להאמין בו. בני ישראל – לעומת זאת: הִגשימו חלום זה ובד בבד עם היווסדות מדינת ישראל הם השיגו מחדש באופן מופלא: מדינה משלהם לראשונה מזה:1,900 שנה.

חרף-רדיפות ועינויים בני מאות שנים, ההתפזרות/הגלות ברחבי ארצות לא להם-לא הרפו תושבי ישראל:מאמונתם, תרבותם ושפתם-הם התמידו בשימת דגש על התפתחות.

לאחר הקמת מדינת ישראל החלו לטפח לפתח ולהחָיות.פיתחו מספר לא מבוטל של תעשיות דבר שהעלה את המדינה לדרגת ארץ מתפתחת ואת עצמם לדרגת עם ראוי לציון אשר שרד ואף שגשג חרף אתגרים רצופים ואִיומים על הישרדותו כעם.

בשנת 1982:לאחר ייסוד קהילת מן-מין המרכזית-גילה לי אלוהים:בהשראת רוח הקודש-רבות על ישראל.מאחר ועצמאות ישראל הינה סימן לאחרית הימים והתגשמות הנבואה התנ״כית.

«שִׁמְעוּ דְבַר-יְהוָה גּוֹיִם, וְהַגִּידוּ בָאִיִּים מִמֶּרְחָק; וְאִמְרוּ, מְזָרֵה יִשְׂרָאֵל יְקַבְּצֶנּוּ וּשְׁמָרוֹ, כְּרֹעֶה עֶדְרוֹ.» (ירמיהו פרק ל״א:9)

אלוהים בחר את עם ישראל על מנת לגלות את:ההשגחה העליונה שאיתה ברא וטיפח את האדם. ראשית: הפיכת אברהם:ל «אבי האמונה» וייסוד יעקב-נכד אברהם-לְ «מייסד ישראל.» עד היום מכריז אלוהים את רצונו לצאצאי יעקב ומשלים בעזרת ההשגחה העליונה את טיפוח האנושות.

כאשר האמינה ישראל בְּדבר אלוהים והתהלכה בציות בהתאם לְרצונו, היא נהנתה מתהילה וכבוד רב מעל לכל הֶעָמים. לעומת זאת, כשהרחיקה ישראל עצמה מאלוהים בחוסר צייתנותה-חוותה ישראל עינויים אין ספור הכוללים פלישה זרה והעובדה שבני ישראל נאנסו לחיות כנוודים בכל רחֲבי תבל.

אף על פי שעם ישראל עמד בפני קשיים עקב חטאותיו מעולם לא נטש אלוהים או שכח את עמו. ישראל הייתה תמיד קשורה לאלוהים דרך ברית אברהם ואלוהים מעולם לא הפסיק לפעול למענם.

תחת דאגתו והדרכתו היוצאת מן הכלל של אלוהים נשמרה ישראל תמיד כעם, השיגה עצמאות והפכה בשנית למוּרֶמֶת מעל כל עם. איכה הצליחה ישראל לשרוד כעם להישמר וּמדוע שוקמה?

רבים אומרים:«הישרדות העם היהודי הינה בגדר נס». בדיוק כשם שסדר הגודל וסוג הרדיפות והדיכויים שעברו היהודים במהלך הגלות עולים על כל דמיון ותיאור, כך היסטורית ישראל לבדה מעידה על אמיתות התנ״ך.

יחד עם זאת: צער וייסורים גדולים מאלה שחוו בני ישראל יתרחשו בעקבות ביאתו השנייה של ישוע המשיח. כמובן שהאנשים שקיבלו את ישוע כמושיעם יילקחו השמימה וישתתפו בסעודת החתונה עם האדון. אך אלה שלא יקבלו את ישוע כמושיעם, לא יילקחו השמימה לעת שיבתו ויסבלו במשך שבע שנים את הצרה הגדולה.

«כִּי-הִנֵּה הַיּוֹם בָּא, בֹּעֵר כַּתַּנּוּר; וְהָיוּ כָל-זֵדִים וְכָל-עֹשֵׂה רִשְׁעָה, קַשׁ, וְלִהַט אֹתָם הַיּוֹם הַבָּא אָמַר יְהוָה צְבָאוֹת, אֲשֶׁר לֹא-יַעֲזֹב לָהֶם שֹׁרֶשׁ וְעָנָף.» (מלאכי פרק ג׳ :19)

אלוהים כבר גילה לי בפרטים את האסונות אשר יתרחשו במהלך שבע שנות הצרה הגדולה. מסיבה זו: זהו רצוני הכן עבור בני ישראל- נבחרי אלוהים – לקבל ללא דיחוי נוסף את: ישוע-אשר התהלך בארץ לפני אלפיים ואחת עשרה שנים-כמושיעם, על מנת שלא יִוותר ולו אחד מהם מאחור בכדי לסבול את הצרה הגדולה.

בחסד אלוהים: כתבתי והקדשתי עבודה המעניקה תשובות לצימאון בן אלפי השנים של בני ישראל ולשאלות אשר הועלו באופן קבוע במשך דורות רבים.

מי ייתן וכל קוראי הספר הזה ייקחו לתשומת ליבם את מסר אהבתו הנואשת של אלוהים ויבואו ללא דיחוי נוסף לפגוש את המשיח אותו נתן אלוהים לאנושות כולה!

אוהב אני כל אחד מכם בכל ליבי.

נובמבר 2007
ד״ר ג׳יי רוק לי
בית תפילה גת שמני

מבוא

את כל הכבוד והתודות נותן אני: לאלוהים על שהדריך ובירך אותנו להוציא לאור את הספר: עורי ישראל באַחֲרית הימים. עבודה זו יצאה לאור בהתאם לְרצון אלוהים המחפש לעורר ולהושיע את ישראל והיא אורגנה באהבתו האינסופית של אלוהים שכל רצונו הינו: לא לאבד ולו נפש אחת.

פרק א׳: «ישראל: בחירת אלוהים»: חוקר את הסיבות לבריאתה וטיפוחה של האנושות על ידי אלוהים, השגחתו ודאגתו העליונה בה הוא בחר ומשל בעם ישראל כעם נבחר במהלך ההיסטוריה. כמו כן: הפרק מציג את אבותיה הגדולים של ישראל ואת אדוננו אשר: בא לעולם הזה בהתאם לנבואה שבישרה על בוא מושיע האנושות – מבית דוד.

פרק ב׳: «משיח הנשלח על ידי אלוהים»: מעיד באמצעות: חקר נבואות מקראיות על המשיח על היות ישוע-המשיח שלבואו ישראל מצפה עדיין בלהט וכיצד?: בהתאם למצוות גאולת הארץ הוא ממלא אחר כל דרישות: מושיע האנושות. יתרה מזאת הפרק בוחן: כיצד נבואות משיחיות מהתנ״ך התגשמו בְּישוע המשיח ואת היחס בין היסטורית ישראל וּמות ישוע המשיח.

פרק ג׳: «האלוהים בו מאמינה ישראל» נותן: מבט מקרוב על עם ישראל המציית בקפדנות למצוות התורה והמסורת וּמסביר מה מרצה את אלוהים. כשהוא מזכירם שהתרחֲקו מֵרצון אלוהים עקב מסורת הזקנים אותה יצרו. פרק זה מעודד אותנו לרדת לעומק רצונו האמיתי של אלוהים בהקשר למתן התורה מלכתחילה ולקיים את המצוות על ידי אהבה.

בפרק האחרון: «צְפו וַהֲקשיבו!»: נחקר זמננו המכונה ע״י הכתובים: «אַחֲרית הימים». כמו כן בוחן הפרק את הופעתו הקרבה של צורר- ה משיח ואת

סקירת שבע שנות הצרה הגדולה. יתרה מזאת: בהעידו על שני סודות אלוהים אותם הכין לעם ישראל באהבתו האינסופית, אשר ישאפו לִישועה ברגעים האחרונים של טיפוח האנושות—הפרק האחרון מפציר בעם ישראל לבל יְחַמֵּץ את ההזדמנות לִישועה.

כאשר: אדם הראשון-ביצע את חטא חוסר הציות וגורש מגן העדן, התיר לו אלוהים לחיות בארץ ישראל.למן אותו זמן: במשך היסטורית טיפוח האנושות:ציפה אלוהים בתקווה במשך אלפי שנים ועדיין מצפה לִילדים אמיתיים.

אין עוד מקום לעיכוב או לבזבוז זמן. הלוואי וכל אחד מִכֶּם יבין שאנו אכן חיים באחרית הימים ושתתכוננו לקבלת אדוננו אשר ישוב כמלך המלכים וַאֲדוֹן האדונים.מתפלל אני על זאת בכנות בְּשמו.

נובמבר 2007

ג׳יי אום-סאן וין-עורך ראשי

תוכן העניינים

פתח דבר
מבוא

פרק 1
ישראל: בחירת אלוהים

תחילת הטיפוח האנושי_2
האבות הגדולים_12
אנשים המעידים על האדון_23

פרק 2
המשיח שנשלח על ידי אלוהים

אלוהים מבטיח את המשיח_36
מאפייני המשיח_40
ישוע המשיח מגשים נבואות_49
מות ישוע ונבואות על ישראל_54

פרק 3
האלוהים בו מאמינה ישראל

התורה והמסורת_62
תכלית אלוהים האמיתית למתן התורה_69

פרק 4
צְפוּ וְהַקְשִׁיבוּ!

לקראת אחרית הימים_84
עשרת הבהונות_95
אהבתו האינסופית של אלוהים_103

«מגן דוד»: מְעֻטר את דגל ישראל והינו סמל עם ישראל ומדינתו

פרק א׳

ישראל: בחירת אלוהים

תחילת הטיפוח האנושי

משה: מנהיגה הַדגול של ישראל-אשר שיחרר את עמו מעבדות במצרים והביא אותם לארץ הקודש-כנען, אשר פעל כנציג אלוהים החל את דבריו בספר בראשית כך:

«בראשית ברא אלוהים את השמים ואת הארץ» (בראשית פרק א׳:1).

אלוהים ברא את השמים ואת הארץ בשישה ימים ונח, בירך וקידש את היום השביעי. מדוע-אם כן-ברא אלוהים את העולם וכל אשר בו? מדוע ברא אלוהים את האדם והתיר לאינספור בני אדם לחיות על פני כדור הארץ מאז אדם הראשון?

אלוהים חיפש אחר אלה עמם יוכל לחֲלוק אהבה נצחית

לפני בריאת השמים והארץ: אלוהים הכול-יכול היה קיים בעולם הרוחני החסר גבולות כאור אשר שובץ בו הקול. לאחר זמן רב של בדידות-השתוקק אלוהים לאנשים עמם יוכל לחֲלוק אהבה נצחית.

אלוהים הינו: לא רק בעל טבע אלוהי המגדיר אותו כבורא, אלא גם בעל טבע אנושי דרכו הוא חש שמחה, זעם, צער, תענוג וכמו כן את הרצון לתת ולקבל אהבה מאחרים. בתנ״ך ישנם פסוקים רבים המעידים על כך שלטבע אלוהים יש גם צד אנושי: הוא שמח והתענג על מעשיהם הצודקים של בני ישראל (דברים פרק י׳:15, משלי פרק ט״ז:7). אך גם התעצב וכעס כאשר הם חטאו (שמות פרק ל״ב:10, במדבר פרק י״א:1, ל״ב:13).

ישנם רגעים בם כל אחד רוצה להישאר לבד, אך אותו אחד יהא שמח ומאושר

פי כמה אם יהא בְּמחיצתו ידיד עמו יוכל לחֲלוק את אשר על ליבו. מאחר ולטבע אלוהים היה היבט אנושי, הוא השתוקק למישהו לו יוכל לתת את אהבתו, שיוכל לחדור לעומק ליבו ולהיפך.

«האם לא יהא שמח ומרגש אם יהיו לי ילדים אשר יוכלו להבין את ליבי, להם אוכל לתת ומהם לקבל אהבה בעולם הֶעָצום והֶעָמוק הזה?»

בעת בחירתו: רקם אלוהים תוכנית בה יוכל להשיג בנים אמיתיים שידמו לו. לקראת סוף זה :ברא אלוהים לא רק את העולם הרוחני אלא אף את העולם המוחשי בו על האנושות לחיות.

ישנם אנשים הֶעָלולים לתהות: «ישנם צבאות ומלאכים שמימיים רבים שהם צייתנים בלבד. מדוע טרח אלוהים לברוא את האדם?» למעט מספר מלאכים : לא רכשו כל היצורים השמימיים את הטבע האנושי הנחוץ למתן וקבלת אהבה: רצון חופשי באמצעותו הם בוחרים בעצמם. יצורים שמימיים שכאלה הינם כרובוטים: הם מצייתים לפקודות, אך ללא תחושת: שמחה, כעס, צער או תענוג. הם אינם מסוגלים לקבל או לתת אהבה הנובעת מעמקי ליבם.

נניח שישנם שני ילדים וְאֶחד מהם מעולם לא ביטא את: רגשותיו, דעותיו, או אהבתו.הוא ממושמע ועושה היטב את מה שנאמר לו. לעומתו הילד השני :למרות שמרצונו החופשי מאכזב את הוריו מפעם לפעם-הינו מהיר להתחרט על מעשיו, נצמד להוריו באהבה ומבטא את אשר בליבו בדרכים שונות.

מי משני ילדים אלה הייתם מעדיפים? רוב הסיכויים שהייתם בוחר בילד השני. אפילו אם יש לכם רובוט העושה את כל המטלות בעֲבורכם, אף אחד מכֶּם לא היה מעדיף רובוט על פני ילדיו. אלוהים מחזיר באותה מטבע: הוא מעדיף-אדם אשר עם הגיונו ורגשותיו יציית לו בשמחה-על פני צבא מלאכים שמימיים רובוטיים.

תוכנית-העל של אלוהים להשגת ילדים אמיתיים

לאחר בריאת הבן הראשון – אדם-המשיך אלוהים וברא את גן העדן .הוא נתן לאדם סמכות לשלוט בגן. כשליט על כל הבריאה בגן השופע כל טוב, נתן

לו אלוהים נתן לו רצון חופשי – הסמכות עמה יוכל לחיות כבן אלוהים. למרות זאת: היה דבר אחד שאסר עליו אלוהים:

«מִכֹּל עֵץ-הַגָּן אָכֹל תֹּאכֵל: וּמֵעֵץ, הַדַּעַת טוֹב וָרָע, לֹא תֹאכַל מִמֶּנּוּ; כִּי, בְּיוֹם אֲכָלְךָ מִמֶּנּוּ מוֹת תָּמוּת» (בראשית פרק ב׳:16-17).

זו הייתה השיטה שייסד אלוהים בינו לבין האנושות שברא. הוא רצה שאדם יציית לו מרצונו החופשי וממעמקי ליבו. למרות זאת לאחר זמן רב:נכשל אדם בציותו: לאיסור לאכול מעץ הדעת טוב ורע.

בבראשית פרק ג׳ ישנה סצנה בה הנחש שהוסת על ידי השטן- שואל את חוה: «אַף כִּי-אָמַר אֱלֹהִים, לֹא תֹאכְלוּ, מִכֹּל עֵץ הַגָּן», חוה עונה: «מִפְּרִי עֵץ הַגָּן נֹאכֵל: וּמִפְּרִי הָעֵץ אֲשֶׁר בְּתוֹךְ הַגָּן, אָמַר אֱלֹהִים, לֹא תֹאכְלוּ מִמֶּנּוּ, וְלֹא תִגְּעוּ בּוֹ; פֶּן תְּמֻתוּן.»

אלוהים אמר בפירוש לאדם וחוה: «כִּי, בְּיוֹם אֲכָלְךָ מִמֶּנּוּ מוֹת תָּמוּת», אך היא שינתה את מצוות אלוהים באמרה «פֶּן תְּמֻתוּן.»

ברגע שהבין הנחש ה שחווה לא לקחה לליבה את מצוות אלוהים, הוא הפך לתקיף יותר בפיתוייו: «לֹא-מוֹת תְּמֻתוּן!» אמר לחווה. «כִּי יֹדֵעַ אֱלֹהִים, כִּי, בְּיוֹם אֲכָלְכֶם מִמֶּנּוּ, וְנִפְקְחוּ עֵינֵיכֶם; וִהְיִיתֶם כֵּאלֹהִים, יֹדְעֵי טוֹב וָרָע: כִּי יֹדֵעַ אֱלֹהִים, כִּי, בְּיוֹם אֲכָלְכֶם מִמֶּנּוּ, וְנִפְקְחוּ עֵינֵיכֶם; וִהְיִיתֶם כֵּאלֹהִים, יֹדְעֵי טוֹב וָרָע.»

כאשר נשף השטן חמדנות באוזני האישה, עץ הדעת טוב ורע החל להראות אחרת בעיניה. העץ נראה טוב למאכל ,היה תאווה לעיניה וחמד להשכילה. חווה אכלה מפריו ואף נתנה לבעלה-שאכל אף הוא.

כך ביצעו אדם וחוה את חטא חוסר הציות לְדבר אלוהים ועמדו בפני מוות ודאי (בראשית פרק ב׳:17).

כאן המילה: «מוות», אינה מתכוונת למוות בשרי כאשר פוסקת הנשימה בגוף האדם, אלא: למוות רוחני. לאחר אכילת פרי מעץ הדעת טוב ורע, הביא אדם לעולם ילדים ומת בגיל 930. (בראשית פרק ה׳:2-5). מפה אנו יכולים לדעת

ש«מוות» אינו מתייחס למוות פיזי.

אדם נברא במקור כתערובת של רוח, נפש וגוף. הייתה ברשותו רוח דרכה יכול היה לתקשר עם אלוהים, נפש שהייתה תחת שליטת הרוח וגוף ששימש כמגן הרוח והנפש. מחמת: הפקרת מצוות אלוהים וביצוע חטא-מתה הרוח והתקשורת עם אלוהים נותקה. זה היה «המוות» עליו דיבר אלוהים בבראשית פרק ב׳:17.

לאחר שחטאו:גורשו אדם וחוה מגן העדן היפה והשופע וכך החלו ייסורי האנושות כולה. חבלי הלידה הוגבר עבור האישה, תשוקתה הייתה לבעלה והוא ימשול בה. בעת ובעונה אחת: על האיש היה לעבוד אדמה מקוללת בזיעת אפו כל ימי חייו (בראשית פרק ג׳:16-17).

על כך בראשית פרק ג׳:23 מספר לנו:«וַיְשַׁלְּחֵהוּ יְהוָה אֱלֹהִים מִגַּן עֵדֶן; לַעֲבֹד אֶת הָאֲדָמָה, אֲשֶׁר לֻקַּח מִשָּׁם». משמעות הביטוי «לעבוד את האדמה» היא לא רק עמל האדם על מנת לאכול מפרי הארץ, אלא גם שעל האדם, שנברא מעפר הארץ: «לעבֹד את ליבו» במשך כל ימי חייו עלי אדמות.

טיפוח האנושות מתחיל מרגע ביצוע החטא על ידי אדם

מכיוון שאדם נברא כיצור חי ולא היה בליבו שום רוע, לא היה לו שום צורך לעבוד את האדמה ממנה נלקח – לא היה עליו לעבוד את ליבו. לאחר שאדם חטא, ליבו נמלא בשקר, לכן היה עליו כעת לעבד את ליבו למצב טהור כפי שהיה לפני שפקפק וחטא.

כאשר הורה אלוהים על אדם: «לעבוד את האדמה ממנה נלקח», הוא התכוון לתהליך חייו של אדם, הנוצר מעפר האדמה. תהליך זה הוא עיבוד ליבו שהושחת בחטא עד שיהפוך לבן אמיתי לאלוהים.

בהתאם למוסכמות, המושג «עיבוד» מתייחס להליך שבו החקלאי זורע זרעים, מטפח את היבול וקוצר את פריו. על מנת «לטפח» אנושות עלי האדמות ולהשיג

פרי שהוא «ילדי אלוהים אמיתיים», אלוהים זרע זרעים ראשונים: אדם וחוה. כתוצאה מכך– נולדו אינספור בנים/בנות של אדם המרדן – ונולדים מחדש כבני/בנות אלוהים לאחר שעבדו את לבבותיהם והחזירו לעצמם את צלמו הָאָבוד של אלוהים.

«טיפוח האנושות» מתייחס לתהליך כולו שבו אלוהים: מפקד ומושל בהיסטורית האנושות, החל מן הבריאה ועד למשפט.

בדיוק כשם שהחקלאי מתגבר על שיטפונות, בצורת, כפור,ברד ושאר מיני מזיקים לאחר זריעה ראשונה על מנת לקצור בסופו של דבר פרי נפלא ומלבב-כך גם אלוהים בִּשליטה על הכל בכדי ללקט ילדים אמיתיים לאחר שחוו: מוות, חולי, פרידה וסוגי סבל שונים במהלך חייהם עלי אדמות.

הסיבה שבעֶטיה נטע אלוהים את עץ הדעת טוב וָרָע בגן עדן

את הסיבה שבעטיה נטע אלוהים את עץ הדעת טוב ורע ניתן למצוא כאן. ישנם אנשים שישאלו:«מדוע נטע אלוהים את עץ הדעת טוב ורע שדרכו אדם חטא והגיע לְכדי הרס?» הסיבה הינה: ההשגחה העליונה הנפלאה שבעזרתה מדריך אלוהים את האדם להיות מוּדע ליחסיות.

רוב האנשים מניחים שאדם וחוה היו מאושרים בחייהם בגן עדן מאחר ובו לא ידעו צער, דמעות, חולי או סבל. אך מעולם לא ידעו אדם וחוה שמחה ואהבה מאחר ולא היה להם מושג קלוש על היחסיות בגן העדן.

לדוגמא: איכה יוכלו שני ילדים להגיב לקבלת אותו צעצוע אם אחד מהם נולד וגדל למשפחה אמידה [עם כפית זהב בפיו] ואילו השני למשפחה נזקקת? הילד השני יהא אסיר תודה ושמח מעמקי ליבו יותר מאשר הילד מרקע אמיד.

על מנת להבין את ערכו האמיתי של דבר מה עלינו לחוות ולדעת את היפוכו המוחלט. רק אלה שסבלו מחולי יכולים להוקיר את ערה האמיתי של הבריאות. רק אלה המודעים למוות ומציאות הגיהינום יכולים ללמוד להוקיר את ערך חיי הנצח ולהודות מעמקי ליבם לאלוהי האהבה על שנתן להם שמיים נצחיים.

בגן עדן השופע – אדם-נהנה מכל מה שאלוהים נתן לו, כולל הסמכות לשלוט על כל הבריאה, אלא שזה לא היו פרי עמלו, לכן נבצר מאדם להבין עד תום את חשיבותה[הסמכות הזו] או להעריך את אלוהים על כך . רק לאחר שגורש אל העולם[מחוץ לגן] וחווה: צער, דמעות, חולי, סבל, אסונות ומוות-הבין את ההבדל בין שמחה וָצַעַר וכמה היו יקרי ערך הם:החרות והשגשוג שנתן אלוהים בגן העדן.

מה היה ערך חיי הנצח עבורנו אם לא ידענו שמחה או צער? אף אם עומדים אנו לזמן מה בפני קשיים, אם נוכל לאחר מכן להבין ולֹאמר: «זוהי שמחה!» יהיו חיינו מבורכים ובעלי ערך רב יותר.

אילו הורים לא ישלחו את ילדיהם לבית ספר וישאירו אותם בבית רק מאחר והם יודעים שקשה ללמוד? אם ההורים באמת אוהבים את ילדיהם הם ישלחום לבית-הספר ויעודדום ללמוד בהתמדה נושאים קשים ולחוות מספר דברים בדי לבנות לעצמם עתיד טוב יותר.

לב אלוהים: אשר ברא את האנושות וטיפח אותה-הינו זהה לחֲלוטין. מסיבה זו:נטע אלוהים את עץ הדעת טוב וָרָע ולא מנע מן האדם לאכול את פריו מרצונו החופשי. כמו כן הניח אלוהים לאדם לחוות: שמחה, כעס, צער והנאה לאורך כל תהליך טיפוח האנושות. זאת מאחר והאדם יכול לאהוב מעמקי ליבו את אלוהים ולהשתחוות לאלוהים שבעצמו הינו: האהבה והאמת אך רק לאחר ש חווה יחסיות והבין מהן אהבת אמת, שמחה והוקרת תודה.

לאורך כל תהליך טיפוח האנושות רצה אלוהים: להשיג לעצמו בנים/ובנות אמיתיים שיכירו וְיֵדְעוּ את ליבו וִידָמוּ לו. בכדי שיוכל לחיות עמם בשמים ויחֲלוק איתם אהבת נצח אמיתית לְעולם.

טיפוח האנושות מתחיל בישראל

כאשר גורש האדם הראשון מגן העדן מחמת: חטא חוסר ציות לְדבר אלוהים, לא ניתנה לו הזכות להחֲליט היכן יתיישב. לכן ייעד אלוהים בעֲבורו שטח מסוים. הייתה זו:ישראל.

בכך נקבע רצון אלוהים וההשגחה העֶליונה. לאחר שתכנן: תוכנית-על לטיפוח האנושות-בחר אלוהים את עם ישראל כדגם לטיפוח האנושות. מסיבה זו: הניח אלוהים לאדם להתחיל בחיים חדשים בארץ בה ייבנה עם ישראל.

בחֲלוף זמן רב:צצו אינספור עמים מצאצאי אדם וּבִימי יעקב-צאצאו של אברהם-נולד עם ישראל. אלוהים השתוקק לגלות את כבודו והשגחתו העליונה בטיפוח האנושות לאורך כל היסטורית ישראל ולא רק לבני ישראל-אלא גם לעמי העולם כולו. לכן: היסטורית בני ישראל-עליה אחראי אלוהים עצמו-אינה רק היסטוריה של עם-אלא אף שהינה: מסר אלוהי עבור כל האנושות.

מדוע אם כן בחר אלוהים בעם ישראל כדגם לטיפוח האנושות? זאת עקב האופי הנעלה שלהם. במילים אחרות:עקב הווייתם הפנימית הנעלה.

בני ישראל הינם: צאצאי אברהם «אבי האמונה» שזכה לחסד אלוהים. כמו כן הינם: צאצאי יעקב שהיה עז ועקשן באופיו דבר שעזר לו כשנאבק עם אלוהים וְיוכל לו. זוהי הסיבה מדוע חרף זאת שאיבדו את ביתם וארצם וחיו חיי נוודים במשך מאות שנים –לא אבדה זהות עם ישראל.

מעל הכול שמר עם ישראל את: דבר אלוהים במשך אלפי שנים בכך שהעבירו אותו מפה לפה מדור לדור וחיו בהתאם לְדברו. כמובן שהיו זמנים בם רחק עם ישראל מִדבר אלוהים וחטא כנגדו. אך בסופו של דבר הם פנו לאלוהים, חזרו בִּתשובה ומעולם לא איבדו את אמונתם בַּאֲדוֹנָי אלוהיהם.

שיקום ישראל העצמאית במאה ה-20 בלבד מעיד על אופי ליבם של צאצאי יעקב.

יחזקאל פרק ל״ח:8 מספר לנו: «מִיָּמִים רַבִּים תִּפָּקֵד, בְּאַחֲרִית הַשָּׁנִים תָּבוֹא אֶל אֶרֶץ מְשׁוֹבֶבֶת מֵחֶרֶב, מְקֻבֶּצֶת מֵעַמִּים רַבִּים, עַל הָרֵי יִשְׂרָאֵל, אֲשֶׁר הָיוּ לְחָרְבָּה תָּמִיד; וְהִיא מֵעַמִּים הוּצָאָה, וְיָשְׁבוּ לָבֶטַח כֻּלָּם.» כאן: ב«אֲחרית השנים»-הכוונה: לזמן בו טיפוח האנושות יתקרב לסיומו ואילו: «הרי ישראל» מסמלים את: העיר ירושלים, הממוקמת כ-760 מטר מעל פני הים.

לכן: כאשר הנביא יחזקאל אומר: «מקובצת מעמים רבים על הרי ישראל», הוא מתכוון: לקיבוץ ישראל מכל רחבי תבל ושיקום מדינת ישראל בהמשך.

בהתאם לְדבר אלוהים:נֶחֱרבה ישראל על ידי הרומים בשנת: 70 לספירה וּבָ:14 למאי 1948 הוכרז על הקמת מדינת-ישראל.בזמן זה הייתה הארץ לא יותר מאשר «חרבה תמידית», אך כיום ישראל הפכה למדינה וּלעם שלא ניתן להתעלם מהם או לקרוא עליהם תגר.

מטרת אלוהים בבחירת בני ישראל

מדוע החל אלוהים בטיפוח האנושות בישראל ,מדוע בחר בעם ישראל וּמדוע הוא מושל בהיסטורית ישראל?

ראשית: רצה אלוהים להצהיר בפני כל העמים דרך היסטורית עם ישראל את העובדה: שהוא בורא השמים והארץ, שהוא לבדו אלוהיי אמת ושהוא חי. אף הגויים יכולים לחוש את נוכחות אלוהים כשהם לומדים על היסטורית ישראל ואף יכולים לתפוס מהי באמת השגחתו העליונה בה הוא מושל בהיסטורית אנושות כולה.

«וְרָאוּ כָּל עַמֵּי הָאָרֶץ, כִּי שֵׁם יְהוָה נִקְרָא עָלֶיךָ; וְיָרְאוּ מִמֶּךָּ» (דברים פרק כ»ח:10)

«אַשְׁרֶיךָ יִשְׂרָאֵל מִי כָמוֹךָ, עַם נוֹשַׁע בַּיהוָה, מָגֵן עֶזְרֶךָ, וַאֲשֶׁר חֶרֶב גַּאֲוָתֶךָ; וְיִכָּחֲשׁוּ אֹיְבֶיךָ לָךְ, וְאַתָּה עַל־בָּמוֹתֵימוֹ תִדְרֹךְ» (דברים פרק ל״ג:29).

בחירת אלוהים-ישראל: נהנתה מזכות גדולה דבר שניכר לאורך היסטוריה שלה.

לדוגמא: כאשר קיבלה רחב את שני המרגלים ששלח יהושע בכדי לבדוק את ארץ כנען היא אמרה להם:«יָדַעְתִּי כִּי נָתַן יְהוָה לָכֶם אֶת הָאָרֶץ; וְכִי נָפְלָה אֵימַתְכֶם עָלֵינוּ, וְכִי נָמֹגוּ כָּל יֹשְׁבֵי הָאָרֶץ מִפְּנֵיכֶם: כִּי שָׁמַעְנוּ, אֵת אֲשֶׁר הוֹבִישׁ יְהוָה אֶת מֵי יַם סוּף מִפְּנֵיכֶם, בְּצֵאתְכֶם מִמִּצְרָיִם; וַאֲשֶׁר עֲשִׂיתֶם לִשְׁנֵי מַלְכֵי הָאֱמֹרִי אֲשֶׁר בְּעֵבֶר הַיַּרְדֵּן לְסִיחֹן וּלְעוֹג, אֲשֶׁר הֶחֱרַמְתֶּם אוֹתָם: וַנִּשְׁמַע וַיִּמַּס לְבָבֵנוּ, וְלֹא קָמָה

עוֹד רוּחַ בְּאִישׁ מִפְּנֵיכֶם; כִּי יְהוָה אֱלֹהֵיכֶם, הוּא אֱלֹהִים בַּשָּׁמַיִם מִמַּעַל, וְעַל הָאָרֶץ מִתָּחַת» (יהושע פרק ב׳:9-11).

בְּגלות ישראל בבלה, כשפגש המלך נבוכדנאצר את אלוהים עמו התהלך דניאל-כל מה שהיה לאל ידו של המלך לעשות היה:«לשבח ולרומם ולהדר את מלך השמים, אשר כל מעשיו אמת ודרכיו צדק, ואשר בידו להשפיל גאים» (דניאל פרק ד׳:34).

אף בגלות פרס וּמָדָי-בראות האנשים את אלוהים פועל ועונה לתפילות אסתר המלכה מוצאים אנו : «רַבִּים מֵעַמֵּי הָאָרֶץ מִתְיַהֲדִים, כִּי נָפַל פַּחַד הַיְּהוּדִים עֲלֵיהֶם» (מגילת אסתר פרק ח׳:17).

כשחוו הָעַמִּים פגישה עם אלוהים חיים דרך בני ישראל-באו הגויים ביראה להשתחוות לאלוהים ואף בדורות הבאים ידעו והשתחוו לתפארת אלוהים עקב אירועים אלה.

שנית: בחר אלוהים בישראל וּבאופן אישי הוא מדריך את עמו.זאת מאחר ורוצה הוא שכל בני האדם יבינו דרך ההיסטוריה שלהם את הסיבה שאלוהים ברא ומטפח אותם.

אלוהים מטפח את האנושות, מפני שהוא מחפש להשיג לעצמו בנים/וּבנות אמיתיים. על מנת להפוך לבן/בת אלוהים אמיתיים-על האדם להדמות לאלוהים שכולו טוב ואהבה בתכלית. אלוהים הינו צדיק וקדוש. הוא משתוקק שבניו / ובנותיו יאהבוהו ויחיו לפי רצונו.

כשישראל חיה לפי מצוות אלוהים, אהבה ועבדה אותו-העלה אלוהים את בני ישראל מעל כל העמים. ולהיפך כשבני ישראל עבדו אלילים ומיהרו לזנוח את מצוות אלוהים, הם היו חשופים לסבל וַאֲסונות כגון: מלחמה, אסונות טבע ואף גלות.

לאורך כל צעד בתהליך:למדו בני ישראל להשפיל את עצמם בפני אלוהים וכל פעם שעשו זאת-שיקם אותם אלוהים באהבתו ורחמיו האינסופיים והביאם אל תוך חסדו.

כשאהב המלך שלמה את אלוהים ושמר את מצוותיו, הוא נהנה מכבוד ופאר רב. אך כאשר הרחיק עצמו המלך את עצמו מאלוהים והחל לעבוד אלילים,- נמוגו הכבוד והפאר. בעוד שהממלכה הייתה חזקה ושׂגשגה תחת שלטון דוד, יהושפט וחזקיה – שהתהלכו במצוות אלוהים-הרי:שבמהלך שליטת מלכים שהתרחקו מִדרכֵי אלוהים, ישראל הייתה חלשה וַחֲשופה לפלישת עמים זרים.

היסטורית ישראל שמגלה בפשטות את רצון אלוהים, משמשת גם כמראה שמשקפת את רצון אלוהים עבור כל העמים. בקצרה, היא מכריזה שכאשר האנשים שנבראו בצלם ודמות אלוהים, חיים על פי מצוותיו והופכים לילדיו המקודשים, הם יקבלו את רחמי ובִּרכות אלוהים.

כּבחירי אלוהים עלינו לגלות לעמים את השגחתו העליונה, עם ישראל קיבלו ברכה עצומה. כעם של כוהנים המופקדים על דבר אלוהים ועל שירותו, הם קיבלו את אהבתו המופלאה של אלוהים וּבִרכותיו. אפילו כשהעם חטא, סלח להם אלוהים להם את חטאותיהם ושיקמם בדיוק כשם שהבטיח לאבותיהם, כל עוד הם חזרו בתשובה בלב עניו.

בנוסף ישנה ברכה נוספת שהובטחה והוקדשה לַבחירי אלוהים. זוהי ההבטחה הנפלאה של כבוד אלוהים, אשר התחייב שהמשיח יבוא מקרבם.

האבות הגדולים

אברהם: אבי האמונה שהוטל עליו היה להוליד עם, בלט בזכות ציותו ואמונתו. הוא נולד לפני כארבעת אלפים שנה באור-כַּשְׂדִּים וזכה לאהבת והכרת אלוהים עד לנקודה בה כינהו אלוהים «ידיד-יה.»

בבראשית פרק י״ב:1-2: קורא אלוהים לאברהם ונותן לו הבטחה הבאה:

«וַיֹּאמֶר יְהוָה אֶל אַבְרָם, לֶךְ לְךָ מֵאַרְצְךָ וּמִמּוֹלַדְתְּךָ וּמִבֵּית אָבִיךָ; אֶל הָאָרֶץ אֲשֶׁר אַרְאֶךָּ:וְאֶעֶשְׂךָ לְגוֹי גָּדוֹל, וַאֲבָרֶכְךָ, וַאֲגַדְּלָה שְׁמֶךָ; וֶהְיֵה בְּרָכָה.»

בעת ההיא היה אברהם איש לא צעיר שנותר ללא יורש ללא כל מושג לאן מופנות פניו, לכן לא היה זה קל בעבורו לציית לאלוהים. אך הוא פנה קדימה מבלי לדעת לאן הוא הולך.במשך כל אותו זמן הוא סומך לַחֲלוטין על דבר אלוהים שלעולם אינו מפר את הבטחותיו.

כשאברהם התהלך באמונה עם אלוהים-הוא קיבל במהלך חייו את כל הברכות שהבטיח לו אלוהים.

אברהם הראה לאלוהים לא רק ציות מושלם ומעשים טובים, אלא אף ביחסיו עם אנשים אחרים תמיד שאף אברהם לטוב ולשלום.

לדוגמא: כשאברהם עזב את חרן-כציות לאלוהים-עזב עימו גם אחיינו- לוט. כשנכסיהם גדלו באופן נכבד נבצר מאברהם ומלוט להישאר באותה ארץ. המַחְסור בשדות מרעה ומים הוביל: «לסכסוכים בין רועי אברהם לרועי לוט.» למרות שאברהם היה מבוגר יותר, הוא לא חיפש או התעקש על ענייניו וטובת עצמו, הוא הניח ללוט לבחור את חלקת האדמה הטובה יותר.: «הֲלֹא כָל הָאָרֶץ לְפָנֶיךָ, הִפָּרֶד נָא מֵעָלָי; אִם הַשְּׂמֹאל וְאֵימִנָה, וְאִם הַיָּמִין וְאַשְׂמְאִילָה.» (בראשית

פרק י"ג:9)

אברהם היה איש בעל לב טהור, אשר לא היה מוכן לקחת «מחוט ועד שרוך נעל אשר לך» (בראשית פרק י"ד:23). כאשר אלוהים הזהיר אותו שסדום ועמורה הספוגות בחטא תיחָרבנה- אברהם שהיה איש בעל אהבה רוחנית-הפציר באלוהים וקיבל את דברו/הבטחתו שלא ישמיד את סדום אם יימצאו עשרה צדיקים בעיר.

טוב ליבו ואמונתו של אברהם היו שלמים אף עד ציות לאלוהים שציווה עליו בבראשית פרק כ"ב:2 להקריב את חיי בנו יחידו:«וַיֹּאמֶר: קַח נָא אֶת בִּנְךָ אֶת יְחִידְךָ אֲשֶׁר אָהַבְתָּ אֶת יִצְחָק, וְלֶךְ לְךָ, אֶל אֶרֶץ הַמֹּרִיָּה; וְהַעֲלֵהוּ שָׁם לְעֹלָה, עַל אַחַד הֶהָרִים, אֲשֶׁר אֹמַר אֵלֶיךָ.»

יצחק נולד לאברהם כאשר האחרון היה בן מאה שנים. אלוהים כבר אמר לאברהם שזה שיצא ממנו יהא לו ליורש ושמספר צאצאיו יִשווה למספר כוכבי השמיים. אילו אברהם היה מערב מחשבות הבשר לעולם לא היה יכול לציית לפקודה ולהקריב את יצחק בנו. אך אברהם ציית מיידית.

ברגע שהושיט אברהם את ידו עם המאכלת בכדי לשחוט את יצחק לאחר הקמת המזבח-קרא אליו מלאך אלוהים: «וַיֹּאמֶר: אַל תִּשְׁלַח יָדְךָ אֶל הַנַּעַר וְאַל תַּעַשׂ לוֹ מְאוּמָּה; כִּי עַתָּה יָדַעְתִּי, כִּי יְרֵא אֱלוֹהִים אַתָּה וְלֹא חָשַׂכְתָּ אֶת בִּנְךָ אֶת יְחִידְךָ מִמֶּנִּי.» מה מבורכת ומרגשת סצנה זו?

מאחר ואברהם מעולם לא עירב את מחשבות הבשר בעניין, לא היו בליבו מאבקים או חרדות כלשהם וכך הצליח לציית באמונה. הוא הפקיד את כל אמונו באלוהי הנאמנות שממלא את אשר הבטיח, אלוהים כל יכול המחייה מתים ואלוהי האהבה שחפץ לתת לילדיו רק דברים טובים. מאחר ולב אברהם היה צייתן קיבל אלוהים את מעשי אמונתו:

«וַיֹּאמֶר בִּי נִשְׁבַּעְתִּי נְאֻם-יְהוָה; כִּי, יַעַן אֲשֶׁר עָשִׂיתָ אֶת-הַדָּבָר הַזֶּה, וְלֹא חָשַׂכְתָּ אֶת-בִּנְךָ אֶת-יְחִידֶךָ: כִּי-בָרֵךְ אֲבָרֶכְךָ, וְהַרְבָּה אַרְבֶּה אֶת-זַרְעֲךָ כְּכוֹכְבֵי הַשָּׁמַיִם, וְכַחוֹל אֲשֶׁר עַל-שְׂפַת הַיָּם; וְיִרַשׁ זַרְעֲךָ, אֵת שַׁעַר אֹיְבָיו: וְהִתְבָּרְכוּ בְזַרְעֲךָ, כֹּל גּוֹיֵי הָאָרֶץ; עֵקֶב אֲשֶׁר שָׁמַעְתָּ בְּקֹלִי.»

עקב סוג וגודל טוב ליבו ואמונתו של אברהם בם ריצה את אלוהים-הוא נקרא «יְדִיד-יָהּ» וקיבל את ברכת הפיכתו לאבי האמונה ואבי כל הֶעָמִים. כפי שהבטיח לו אלוהים כשקרא לו לראשונה: «וַאֲבָרְכָה מְבָרְכֶיךָ, וּמְקַלֶּלְךָ אָאֹר; וְנִבְרְכוּ בְךָ, כֹּל מִשְׁפְּחֹת הָאֲדָמָה.» אברהם קיבל את מקור כל הברכות (בראשית פרק י״ב:3).

השגחתו העליונה של אלוהים דרך יעקב, אבי ישראל, ויוסף בעל החלומות

לאברהם:אבי האמונה נולד יצחק ומשני בני יצחק בחר אלוהים את יעקב שליבו נעלה מזה של אחיו עוד בהיותו ברחם אימו. יעקב יקרא בעתיד:«ישראל» וממנו יצאו שניים עשר השבטים שיהפכו לעם ישראל.

יעקב חפץ בלהט רב בבִּרכות אלוהים ובִּדברים רוחניים-עד כי רכש מאחיו הבכור את בכורתו בעבור נזיד עדשים וחטף מידיו את בִּרכת הבכור שהית זכותו הטבעית של עשו – ידי הונאת אביו יצחק. נכון: השפעות תורשתיות הותירו את יעקב עם תכונות ערמומיות, אך אלוהים ידע שברגע שיעקב ישתנה, הוא יהא לְכלי מצוין. מסיבה זו:התיר אלוהים עשרים שנות ניסיון בחיי יעקב, על מנת שייפטר לחֲלוטין מכל מסגרות חשיבה ודעות וישפיל את עצמו.

על מנת להימנע מניסיונות אחיו עשיו להורגו מחמת גניבת בִּרכת הבכור לה היה זכאי-נאלץ יעקב לחיות אצל דודו-לבן ולרעות עזים וכבשים. יעקב אמר: «הָיִיתִי בַיּוֹם אֲכָלַנִי חֹרֶב וְקֶרַח בַּלָּיְלָה; וַתִּדַּד שְׁנָתִי מֵעֵינָי.»

בהתחֲשבותו בְּנאמנותו הרבה של יעקב-בירך אלוהים הגומל לכל אחד לפי מה שזרע-את יעקב בעושר רב. כשהורה לו אלוהים לשוב לְמולדתו עזב יעקב את בית לבן ושם פעמיו לעבר ביתו עם משפחתו ונכסיו. כשהגיע אל נהר יבוק שמע יעקב שעשיו אחיו, נמצא בצידו השני של הנהר מלווה ב: 400 איש.

נבצר מיעקב לחזור ללבן עקב הבטחתו לדודו. כמו כן: לא היה ביכולתו לחצות את הנהר אל עבר עשו שבער באש הנקמה. כשמצא עצמו במצב קשה זה,נבצר ממנו לסמוך יותר על חוכמתו אלא להפקיד הכול בידי אלוהים בְּתפילה. בכך נפטר מכל מסגרת חשיבה ודבק באלוהים בְּתפילה עד לנקודת נקיעת ירכו.

כתוצאה ממאבקו עם אלוהים, קיבל יעקב את הברכה: «לֹא יַעֲקֹב יֵאָמֵר עוֹד

שְׁמְךָ, כִּי אִם־יִשְׂרָאֵל; כִּי־שָׂרִיתָ עִם־אֱלֹהִים וְעִם־אֲנָשִׁים וַתּוּכָל» (בראשית פרק ל״ב:29) והתפייס כמו כן עם עשיו.

אלוהים בחר ביעקב-עקב היותו מתמיד והגון-ולאחר כל ניסיונותיו יכול היה להפוך לכלי גדול לאלוהים-אשר ישחק תפקיד משמעותי בהיסטורית ישראל.

עם ישראל נבנה על יסוד שהורכב משניים עשר בני יעקב. אך מאחר והם היו רק שבט בתחילת דרכם,תכנן אלוהים לשַׁכֵּן אותם בִּגבולות מצרים- אשר כבר הפכה למעצמה חזקה-עד שצאצאי יעקב יהפכו לעם גדול. זו הייתה עדות לאהבת אלוהים אליהם כאשר חיפש להגן עליהם מפני עמים אחרים והאדם אשר עליו הוטלה משימה אדירה זו היה יוסף: בנו האַחַד עשר של יעקב.

ליעקב היו 12 בנים- אך הוא העדיף את יוסף והראה זאת בכך שהלבישו בכותונת פסים צבעונית. עקב זאת:הפך יוסף למושא שנאת וקנאת אֶחָיו ונמכר בגיל 17לעבדות במצרים, אך מעולם לא התלונן או בז להם.

לאחר שעבד בשקדנות ונאמנות בבית פוטיפר-ראש שומרי פרעה-הפך יוסף למשגיח בבית פוטיפר והופקד על כל משק הבית. אלא שכאן התעוררה בעיה: יוסף היה איש נאה במראהו ואשת שליטו החלה לפתות אותו. יוסף: שהיה איש הגון וְירא אלוהים מעל הכול, הצהיר באופן נועז: «איך אוכל לעשות רעה גדולה שכזו ולחטוא נגד אלוהיי?»

כתוצאה:העלילה עליו אשת פוטיפר ועקב האשמותיה נכלא יוסף ונכלא עם אֲסירי פרעה. אך אלוהים היה עם יוסף וחסדו היה עליו, במהרה הפך יוסף לממונה על כל מה הנעשה בכלא.

לאור הקורות אותו לאורך כל הדרך:החל יוסף להתעשר בחוכמה שבַּעֲטיה יהפוך מאוחר יותר לממונה על ניהול אומה שלמה, יטפח נטיות ואופי פוליטי ויהא לְכלי עצום שטובת העם תמיד לנגד עיניו.

לאחר שפתר את חלומות פרעה ואף הציע פתרונות חכמים הפך יוסף למשנה למלך מצרים רבתי. לאחר שהעבירו בניסיונות, הציב אלוהים בהשגחתו העליונה את יוסף בגיל 30-בתפקיד משנה למלך – באחת מהמעצמות הֶחֲזקות ביותר בעולם הקדום.

בדיוק כשם שחזה יוסף לפי חלומות פרעה-תקפו שבע שנות רעב ת את המזרח התיכון-כולל מצרים. מאחר וכבר עשה את כל ההכנות הדרושות לִתקופה זו-גאל יוסף את כל העם המצרי. אֶחָי יוסף, אשר הגיעו למצרים בחיפוש אחר מזון, התאחדו עם אחיהם וּבִמהרה היגרו שאר בני המשפחה מצריימה, בה חיו בשגשוג וסללו את הדרך להולדת עם ישראל.

משה: מנהיג דגול שהפך את יציאת מצרים למציאות

לאחר שהתיישבו במצרים-שגשגו צאצאי ישראל וגדלו במספרם. בִּמהרה הם גדלו מספיק ליצירת עם. כאשר קם פרעה אשר לא ידע את יוסף – לא התאימו בעיניו שגשוג וחוזק בני ישראל. לא עבר זמן רב עד שפרעה וגורמים רשמיים בחצרו החלו למרר את חייהם של בני ישראל בַּעֲבודת פֶּרֶךְ. הם כָּפו עליהם עבודות בְּחומר וּבִלבנים, עבודות שדה וסוגים שונים של עבודות פֶּרֶךְ (שמות פרק א׳:13-14).

אלא ש«ככל שאִמלל פרעה יותר את בני ישראל-כך הם רבו והתעצמו יותר.» לכן:הוציא פרעה צו המית כל בן זכר שנולד לבני ישראל מיד עם לידתו. כְּשמוע אלוהים את זעקת ישראל לעזרה מחמת עבודותם- זכר את בריתו עם אברהם, יצחק ויעקב:

«וְנָתַתִּי לְךָ וּלְזַרְעֲךָ אַחֲרֶיךָ אֵת אֶרֶץ מְגֻרֶיךָ, אֵת כָּל־אֶרֶץ כְּנַעַן, לַאֲחֻזַּת עוֹלָם; וְהָיִיתִי לָהֶם לֵאלֹהִים» (בראשית פרק י״ז:8).

«וְאֶת־הָאָרֶץ, אֲשֶׁר נָתַתִּי לְאַבְרָהָם וּלְיִצְחָק לְךָ אֶתְּנֶנָּה; וּלְזַרְעֲךָ אַחֲרֶיךָ אֶתֵּן אֶת־הָאָרֶץ» (בראשית פרק ל״ה:12) .

על מנת להוציא את בני ישראל מסבלם ולהביאם אל ארץ כנען-הכין אלוהים לְמשימה זו אדם אשר יציית למצוותיו ללא סייג ויוביל את עמו.

כך נולד משה. הוריו הסתירו אותו במשך 3 חודשים ראשונים לחייו, וכאשר

לא יכלו להמשיך להסתיר אותו, הם הניחו אותו בתוך עריסה קלועה ושלחוה בין קני סוף על גדות היאור. בְּמָצוֹא בת פרעה את הילד החליטה להשאיר אותו ולגדלו כבנה.מריים:אחות משה עמדה מרחוק על מנת לוודא מה יעלה בגורלו ובראותה את המתרחש, המליצה לבת פרעה על אמו הביולוגית של משה-יוכבד-כמטפלת מיניקה.

כך: אף שגדל משה בארמון המלכותי- הוא התחנך על ידי אמו הביולוגית ולמד ממנה באופן טבעי על אלוהים ובני ישראל- עמו.

יום אחד: הוא ראה מצרי מכה עברי- בהתייסרותו ממה שראה-הרג ברגע של זעם את המצרי. כשנודע הדבר נמלט משה מפרעה והתיישב בְּמִדְיָן. במשך 40 שנה שימש כְּרועה צאן-כחלק מתוכנית אלוהים- אשר חיפש לנסות ולהכשיר את משה לתפקיד האיש אשר ינהיג את יציאת מצרים.

בעת הנכונה קרא אלוהים למשה וציווה עליו להוציא את בני ישראל ממצרים לארץ כנען- ארץ זבת חלב ודבש.

בשל סירובו של פרעה להקשיב לדברי משה עקב קשיחות ליבו – הביא אלוהים על מצרים את עשרת המכות וביד חזקה הוציא את בני ישראל ממצריים.

רק לאחר שחוו את סבל אובדן הבנים הבכורים-כרעו פרעה וַאֲנָשָׁיו ברך בִּפְנֵי אלוהים - ובני ישראל שוחררו מעבדותם. אלוהים הוביל את בני ישראל באופן אישי כל צעד וצעד ואף חצה את ים סוף בכדי שיוכלו לחצות אותו בֶּחָרבה. אלוהים פעל דרך משה בכדי להבטיח הישרדות בני ישראל במשך 40 שנה במדבר.

הוא הוציא מים ל מן הסלע וכאשר לא היה להם מזון שלח להם אלוהים את השְּׂלָיו (עוף מקראי קדום). אלוהי הנאמנות הוביל את עם ישראל אל ארץ כנען בפיקוד יהושע: יורש משה. הוא התיר להם לכבוש את יריחו לאחר חציית נהר הירדן והתיר להם לכבוש ולהשתלט על רוב כנען-ישראל]- ארץ זבת חלב ודבש.

כיבוש ארץ כנען היה יותר מִבִּרכת אלוהים לְבני ישראל, אלא אף: תוצאת דין צדק אלוהי נגד תושבי כנען אשר החטא והרוע השחיתום. תושבי כנען הפכו

למושחתים מן החטא ונאלצו לתת דין וחשבון- לכן אלוהים בצדקתו התיר ואף הוביל את בני ישראל לכבוש את הארץ.

בדיוק כשם שהבטיח אלוהים לאברהם: «וְדוֹר רְבִיעִי יָשׁוּבוּ הֵנָּה» (בראשית פרק ט״ו:16)-כך ירדו צאצאי אברהם- יעקב ובניו- מצריימה ולאחר מכן שבו צאצאיהם לארץ כנען.

דוד מייסד את ישראל רבת העוצמה

לאחר כיבוש ארץ כנען ותקופת השופטים בה מלך אלוהים דרך נביאיו,הפכה ישראל לממלכה.בתחילת מלכות דוד- אשר אהב את אלוהים מעל כול הונחו יסודות העם והממלכה פיארה את אלוהים.

בצעירותו:הרג דוד את גוליית באמצעות מקלעת ואבן. כהוקרה על שירותו בשדה קרב, הופקד דוד על לוחמי צבא המלך שאול. כשחזר דוד לביתו לאחר שהביס את הפלשתים: «וַתַּעֲנֶינָה הַנָּשִׁים הַמְשַׂחֲקוֹת וַתֹּאמַרְןָ; הִכָּה שָׁאוּל בַּאֲלָפָיו, וְדָוִד בְּרִבְבֹתָיו.» כשהחלו בני ישראל לאהוב אותו, נאלץ דוד להימלט מקנאת וממזימות המלך שאול להורגו.

לאורך כל ימי בריחתו ניקרו בדרכו של דוד שתי הזדמנויות לרצוח את המלך, אך הוא סירב לרצוח מלך אותו משח אלוהים ובמקום זאת:רק התנהג אליו בטוב לב. במקרה אחד:קד דוד כשפניו מטה, השתטח ואמר למלך שאול: «וְאָבִי רְאֵה, גַּם, רְאֵה אֶת־כְּנַף מְעִילְךָ בְּיָדִי; כִּי בְּכָרְתִי אֶת־כְּנַף מְעִילְךָ וְלֹא הֲרַגְתִּיךָ, דַּע וּרְאֵה כִּי אֵין בְּיָדִי רָעָה וָפֶשַׁע וְלֹא־חָטָאתִי לָךְ, וְאַתָּה צֹדֶה אֶת־נַפְשִׁי לְקַחְתָּהּ» (שמואל א׳ פרק כ״ד: 11).

דוד: איש כִּלבב אלוהים, רדף טוּב בכל דבר, אף לאחר שהפך למלך. במשך תקופת שלטונו מָלַךְ דוד בצדק וחיזק את העם. הוא הרחיב את שטחי ישראל,שלל המלחמה והמנחות הגדילו את אוצר ממלכת דוד, דבר שהוביל לתקופות של שגשוג רב.

כמו כן:העביר דוד את ארון הקודש לירושלים,הניח את היסודות למערכת הקורבנות וחיזק את האמונה בְּאלוהים. בנוסף:ייסד המלך את ירושלים כמרכז הפוליטי והדתי של ממלכתו ועשה את כל ההכנות הנדרשות לבניית בית המקדש

שניבנה בתקופת שלטון המלך שלמה.

לאורך היסטוריה שלמה:הייתה ישראל הֶחֲזָקָה והמפוארת ביותר- בתקופת שלטון המלך דוד, שהוערץ ביותר על ידי עמו ונתן כבוד רב לאלוהים. מעל הכול: מֶה גדול היה על דוד כאב קדמון להיות בכדי שהמשיח יבוא מצאצאיו?

אליהו מפנה את לב בני ישראל בחזרה לאלוהים

למרות הכול: מפאת עבודת אלילים של המלך שלמה, בן דוד-התפלגה הממלכה לאחר מותו. מבין 12 שבטי ישראל, עשרה מהם ייסדו את ישראל – הממלכה הצפונית, בעוד ששני השבטים הנותרים יצרו את יהודה – הממלכה הדרומית.
הנביאים: עמוס והושע גילו את רצון אלוהים בעת ששירתו בממלכת ישראל, בעוד שישעיהו וירמיהו: ביצעו את משימתם בממלכת יהודה.כשבחר אלוהים-הוא שלח את אנשיו לבצע את רצונו. אחד מהאנשים הללו היה: אליהו- אשר שירת את אלוהים בתקופת שלטון אחאב בממלכה הצפונית.

בתקופת אליהו: איזבל- מלכה עובדת אלילים-אשת אחאב הביאה את הבעל לישראל ועבודת אלילים רווחה לאורכה ולרוחבה של הממלכה כולה. משימתו הראשונה של הנביא אליהו הייתה: למסור למלך אחאב שחלק ממשפט אלוהים הינו שישראל תשווע לגשם במשך שלוש וחצי שנים.
כשנודע לנביא שהמלך מנסה להורגו-נמלט אליהו לצרפת שבצידון. לאחר שהאלמנה מצרפת סיפקה לו לחם-בירכה אליהו בניסים: קערת הקמח לא כילתה וכד השמן לא התרוקן.כמו כן בעת שהייתו בביתה:הקים אליהו את בנה לתחייה.
על ראש הר הכרמל:התעמת אליהו עם 450 נביאי הבעל ו-400 נביאי האשרה והוריד את אש אלוהים מן השמיים. על מנת להפנות את לב בני ישראל מן אלילים ולהובילם בחזרה לאלוהים, אליהו שיקם את מזבח אלוהים, שפך מים על העולה ועל המזבח והתפלל בכל ליבו לאלוהים:

«וַתִּפֹּל אֵשׁ יְהוָה, וַתֹּאכַל אֶת הָעֹלָה וְאֶת הָעֵצִים, וְאֶת הָאֲבָנִים וְאֶת הֶעָפָר; וְאֶת

הַמַּיִם אֲשֶׁר בַּתְּעָלָה לִחֵכָה: וַיַּרְא כָּל הָעָם, וַיִּפְּלוּ עַל פְּנֵיהֶם; וַיֹּאמְרוּ, יְהוָה הוּא הָאֱלֹהִים, יְהוָה הוּא הָאֱלֹהִים» (מלכים א› פרק י״ח: 38-39).

כמו כן:כשהביא לירידת גשם מן השמיים לאחר בצורת שנמשכה שלוש וחצי שנים,חצה את נהר ירדן כביבשה וניבא את הדברים העתידים להתרחש בעצם העיד אליהו על: אלוהים חיים וכוחו המופלא.

בְּמלכים ב› פרק ב׳:11 ניתן לקרוא: «וַיְהִי, הֵמָּה הוֹלְכִים (אליהו ואלישע) הָלוֹךְ וְדַבֵּר, וְהִנֵּה רֶכֶב-אֵשׁ וְסוּסֵי אֵשׁ, וַיַּפְרִדוּ בֵּין שְׁנֵיהֶם; וַיַּעַל אֵלִיָּהוּ, בַּסְּעָרָה הַשָּׁמָיִם.» מכיוון שאליהו ריצה את אלוהים באמונתו, הוא קיבל את הכרת ואהבת אלוהים, לכן עלה אליהו השמיימה מבלי לטעום מוות.

דניאל מגלה את כבוד אלוהים לעמים

מאתיים וחמישים שנה מאוחר יותר בשנת 605 לפנה״ס לערך:בשנה השלישית למלכות יהויקים-נפלה ירושלים במהלך פלישת נבוכדנאצר: מלך בבל.דניאל, בן למשפחת מלוכה בממלכת יהודה-נלקח בשבי.

כחלק ממדיניות הפיוס של נבוכנדנאצר:הורה המלך לְאַשְׁפְּנַז- רב סריסיו, להביא חלק מבני ישראל ובכללם מספר בני משפחת מלוכה ופרתמים (אצילים), נערים חסרי מום, טובי מראה ומשכילים בכל חוכמה ויודעי דעת ומביני מדע וַאֲשֶׁר ביכולתם ובכוחם לשרת בהיכל המלך. המלך הורה לאשפנז ללמדם ספרות ושפת כשדים. ביניהם היה דניאל (דניאל פרק א׳:3-4).

אך מכיוון ש:«וַיָּשֶׂם דָּנִיֵּאל עַל-לִבּוֹ, אֲשֶׁר לֹא-יִתְגָּאַל בְּפַתְבַּג הַמֶּלֶךְ וּבְיֵין מִשְׁתָּיו,» דניאל: «וַיְבַקֵּשׁ מִשַּׂר הַסָּרִיסִים, אֲשֶׁר לֹא יִתְגָּאָל» (דניאל פרק א׳:8).

למרות שהיה שבוי מלחמה-קיבל דניאל את בִּרכת אלוהים-זאת מאחר שירא את אלוהים בכל נושא בחייו. אלוהים נתן לדניאל וַחֲבריו ידע ותבונה בכל תחומי הספרות והחוכמה. דניאל הבין חזיונות וַחֲלומות (דניאל פרק א׳:17).

בהכירו את הרוח הנעלה של דניאל ביקש המלך דָּרְיָוֶשׁ למנותו לְממונה על כל הממלכה. קבוצת סריסי המלך החלו לקנא בדניאל ולחפש יסוד להאשימו בהקשר לענייני הממלכה, אך לא מצאו יסוד להאשימו או כל הוכחה לְשחיתות

20
עוּרי ישראל

מצידו.

כשגילו שדניאל מתפלל לאלוהים שלוש פעמים ביום-באו הנציבים והאֲחַשְׁדַּרְפָּנִים לפני המלך ודִרבנו אותו להוציא חוק לפיו במשך חודש כל אשר יישא תפילה לאל או אדם כלשהו- מלבד המלך, יושלך לגוב האריות. דניאל לא היסס, אף בסכנת איבוד שמו הטוב, תפקידו הרם ואף חייו בגוב האריות-המשיך להתפלל בפנותו לירושלים כשם שעשה קודם לכן.

בהוראת המלך הושלך דניאל לגוב האריות, אך אלוהים שלח מלאך אשר סגר את פי האריות ודניאל יצא ללא כל פגע. בְּשמוע המלך דרייוש- פסק שעל כל האנשים, עמים ואומות מכל שפה ולשון אשר חיים בארץ ההיא, להלל ולפאר את אלוהים:

«מלפני יצאה פקודה, כי בכל ממשלת מלכותי יהיו חרדים ויראים מפני אלוהי דניאל, שהוא אלוהים חי וקיים לעולם, אשר מלכותו לא תכלה ושלטונו יהיה עד קץ הימים. הוא ממלט ומציל ועושה אותות ומופתים בשמים ובארץ. הוא שהציל את דניאל מיד האריות» (דניאל פרק ו׳:27-28).

כמו כן מלבד אבות האמונה שהוזכרו דלעיל [למעלה]:קטנה היריעה מִתָּאֵר את פעלי: גדעון, ברק, שמשון, יפתח, שמואל, ישעיהו, ירמיהו, יחזקאל, שלושת רעי דניאל-שדרך מֵיְישַׁךְ וַעֲבֵד נְּגוֹ, אסתר וכל נביאי התנ״ך.

אבות גדולים של כל משפחות האדמה

למן הימים הראשונים של עם ישראל:שרטט אלוהים וכיוון את מהלך היסטורית ישראל. בכל פעם שמצאו ישראל עצמם במשבר-גאלם אלוהים בדרך נביאים אותם הכין מראש וניווט את היסטוריית ישראל.

לכן: היסטוריית ישראל אינה דומה לזו של כל עם אחר. מימי אברהם,-נפרשה ההיסטוריה בהתאם להשגחת אלוהים ותמשיך להתפרש באותו אופן עד קץ הימים.

אלוהים בחר וּמִנה את אבות האמונה מבין בני ישראל ולהשתמש בם בעֲבור

השגחתו העליונה-לא רק עבור עם ישראל במיוחד אלא אף בעבור כל אותם אנשים המאמינים באלוהים בכל העולם:

«וְאַבְרָהָם, הָיוֹ יִהְיֶה לְגוֹי גָּדוֹל וְעָצוּם; וְנִבְרְכוּ בוֹ, כֹּל גּוֹיֵי הָאָרֶץ» (בראשית פרק י״ח:18).

רצון אלוהים הינו: ש«כל גויי הארץ» אשר דרך אמונתם הפכו לבני אברהם, יקבלו את ברכת אברהם. הוא לא שמר את הברכה לנבחריו- בני ישראל- בלבד. בבראשית פרק י״ז:4-5, אלוהים מכנה את אברהם :«אב המון גויים», אשר «נברכו בו כל משפחות האדמה» (בראשית פרק י״ב:3),«ו״יתברכו בזרעו כל גויי הארץ» (בראשית פרק י״ב:17-18).

יתרה מזאת:במשך כל היסטוריית ישראל: פתח אלוהים נתיב דרכו «כל גויי הארץ» יוכלו לדעת שרק אלוהים הינו: אלוהים אמיתי, יעבדו אותו ויהיו לבניו/ ובנותיו האמיתיים אשר אוהבים אותו:

«נִדְרַשְׁתִּי לְלוֹא שָׁאָלוּ, נִמְצֵאתִי לְלֹא בִקְשֻׁנִי; אָמַרְתִּי הִנֵּנִי הִנֵּנִי אֶל גּוֹי לֹא קוֹרָא בִשְׁמִי» (ישעיהו פרק ס״ה).

על מנת לאפשר אף לגויים לקרוא בשמו,הקים אלוהים את האבות הגדולים ובאופן אישי הנחה וויסת את היסטוריית ישראל. אלוהים רקם תוכנית מופלאה נוספת: תוכנית טיפוח האנושות, אשר עד כה התממשה דרך ישראל- נבחרת אלוהים תחול עתה על האנושות כולה. בבוא היום:שלח אלוהים את בנו אל ארץ ישראל, לא רק כּמשיח ישראל, אלא כּמשיח העולם כולו.

אנשים המעידים על האדון

לאורך כל היסטוריית טיפוח האנושות:תמיד הייתה ישראל במרכז התגשמות ההשגחה האלוהית. אלוהים גילה עצמו לאבות האמונה, נתן הבטחות לגבי הֶעָתִיד להתרחש והגשים את אשר הבטיח. כמו כן: אמר לבני ישראל שהמשיח אשר יושיע את כל עמי העולם יצא משבט יהודה ומבית דוד.

אי לזאת:ציפתה ישראל למשיח שהובטח בתנ"ך. המשיח הינו: ישוע. היהדות אינה מכירה בִּישוע כְּמשיח וּבן אלוהים בהתאם לאמונה המשיחית. בני ישראל מייחלים לבואו עד היום. למרות זאת: המשיח לו מצפה ישראל והמשיח עליו נכתב בפרק זה- הוא אותו אחד.

מה אומרים אנשים על ישוע המשיח? במידה ונבחן את עדויותיהם,את הנבואות על המשיח את התגשמותן ואת התנאים אותם חייב המשיח למלא - כל אלה רק יאשרו את העובדה שהמשיח לו מייחלת ישראל הינו: לא אחר מאשר: ישוע המשיח.

השליח שאול: רודף-אדון ומאֲמינים לשעבר תופס פיקוד על הפצת הבשורה לגויים

שאול נולד לפני כְּ:2000 שנה לערך בטרסוס אשר בקיליקיא (טורקיה של ימינו), שמו בלידתו היה: שאול. הוא נימול ביום השמיני,הינו: בן עם ישראל, בן לשבט בנימין, עברי מן העברים. יתרה מזאת:בכל הקשור לְצדקה שעל פי התורה, שאול נמצא ללא רבב. כמו כן: הוא חונך ולמד על בירכי:רבן גמליאל, רב התורה שכובד בפי כול. תוך כדי שמירה קפדנית על חוקי אבותיו, בנוסף לאזרחותו באימפריה החזקה ביותר בעולם דאז: רומא, לא חָסַר שאול דבר מבחינה פיזית וּמכל הקשור למשפחה, שושלת, ידע, הון או סמכות.

23
ישראל: בחירת אלוהים

עקב אהבתו את אלוהים יותר מכל דבר אחר-רדף שאול את חסידי ישוע המשיח בקנאות רבה. באותה עת:טענת המשיחיים שישוע שניתלה[ניצלב] הינו: בן האלוהים והמושיע, שהוא מת נקבר וקם לתחייה ביום השישי למותו- הייתה שוות ערך: לחילול שם אלוהים.

שאול חשב שחסידי ישוע המשיח היוו איום לפרושים שהיוו תנועה דומיננטית[מובילה]בזרם היהודי, תנועה עליה שאול ניסה לגונן בְּלהיטות. מסיבה הזאת:רדף שאול באכזריות וזרע הרס רב בקהילה, הוא גם הנהיג את לכידתם של מאמינים בִּישוע המשיח.

הוא כלא מאמינים רבים והטיל עליהם גורל לאחר שמתו.כמו כן:לעיתים קרובות העניש את המאמינים בבתי הכנסת, ניסה לאֱנוס אותם לחלל את שם ישוע המשיח ואף רדף אותם בערים זרות.

מאוחר יותר: עבר שאול חוויה בלתי רגילה שהפכה את חייו על פניהם. בדרכו לדמשק: לפתע נגה עליו מסביב אור מן השמיים וקול קרא אליו:

«שאול, שאול, למה תרדפני?»
«מי אתה, אדני?»
«אני ישוע, אשר אתה רודף.»

לאחר תקרית זו:הובל שאול בידו אל בית יהודה בדמשק. הוא בילה שם שלושה ימים בעיוורון מוחלט לא אכל ולא שתה.לאחר מכן:התגלה האדון בחזון לתלמידו- חנניה:

«וַיֹּאמֶר אֵלָיו הָאָדוֹן קוּם לֵךְ אֶל־הָרְחוֹב הַנִּקְרָא הַיָּשָׁר וּשְׁאַל בְּבֵית יְהוּדָה לְאִישׁ טַרְסִי וּשְׁמוֹ שָׁאוּל כִּי הִנֵּה־הוּא מִתְפַּלֵּל: וַיַּרְא בַּמַּחֲזֶה וְהִנֵּה־אִישׁ וּשְׁמוֹ חֲנַנְיָה בָּא הַחַדְרָה וַיָּשֶׂם עָלָיו אֶת־יָדוֹ לְמַעַן יָשׁוּב וְיִרְאֶה: וַיֹּאמֶר אֵלָיו הָאָדוֹן לֵךְ כִּי־כְלִי חֵפֶץ הוּא לִי לָשֵׂאת אֶת־שְׁמִי לִפְנֵי גוֹיִם וּמְלָכִים וְלִפְנֵי בְּנֵי יִשְׂרָאֵל: כִּי אֲנִי אַרְאֶהוּ כַּמָּה יֵשׁ־לוֹ לִסְבֹּל לְמַעַן שְׁמִי» (מפעלות השליחים ט׳:11-16).

בהניח חנניה את ידיו על שאול בתפילה מייד נשרה מעין קשקשת מעל עיניו

וראייתו שבה אליו. לאחר שפגש את האדון הבין שאול את היקף חטאיו וכינה את עצמו:«פאולוס» שמשמעו:«איש קטן». מכאן ואילך:בישר שאול בעוז לגויים על אלוהים חיים ובשורת ישוע המשיח.

«וּמוֹדִיעַ אֲנִי אֶתְכֶם אַחַי כִּי הַבְּשׂוֹרָה אֲשֶׁר בִּשַּׂרְתִּי לֹא־לְאָדָם הִיא: כִּי אַף לֹא מֵאָדָם קִבַּלְתִּיהָ וְלֹא־מְלֻמֶּדֶת הִיא לִי כִּי אִם־בְּחֶזְיוֹן יֵשׁוּעַ הַמָּשִׁיחַ: כִּי הֲלֹא־שְׁמַעְתֶּם אֶת־דְּרָכַי מִלְּפָנִים בְּדַת הַיְּהוּדִית וְאֵת אֲשֶׁר־תַּכְלִית רְדִיפָה רָדַפְתִּי אֶת־עֲדַת אֱלֹהִים וְהֶחֱרַמְתִּיהָ: וָאֱהִי הוֹלֵךְ וְחָזֵק בְּדַת הַיְּהוּדִית עַל־רַבִּים מִבְּנֵי גִילִי בְּעַמִּי בְּקִנְאָתִי הַגְּדוֹלָה לְקַבָּלוֹת שֶׁל־אֲבוֹתָי: וּכְשֶׁהָיָה רָצוֹן מִלִּפְנֵי הָאֱלֹהִים הַמַּבְדִּיל אֹתִי מֵרֶחֶם אִמִּי וַיִּקְרָאֵנִי בְּחַסְדּוֹ: לְגַלּוֹת בִּי אֶת־בְּנוֹ לְמַעַן אֲבַשְּׂרֶנּוּ בַּגּוֹיִם אָז לֹא נוֹעַצְתִּי עִם־בָּשָׂר וָדָם: גַּם לֹא־עָלִיתִי יְרוּשָׁלַיְמָה אֶל־אֲשֶׁר הָיוּ שְׁלִיחִים לְפָנַי כִּי אִם־הָלַכְתִּי לַעֲרָב וּמִשָּׁם שַׁבְתִּי אֶל־דַּמָּשֶׂק» (האיגרת אל הגלאטיים פרק א׳:11-17).

אף לאחר פגישתו עם האדון והפצת בשורתו, הסבל שחווה שאול היה בלתי ניתן לתיאור. לעיתים קרובות מצא עצמו שאול בעמל רב, מאסרים רבים מדי, מוכה אינספור פעמים, לעיתים תכופות בסכנת מוות, עובר לילות חסרי שינה, ברעב ובצמא, ללא אוכל וחשוף לקור.

בקלות יכול היה לחיות חיים נוחים ומשגשגים הודות למעמדו, סמכותו, השכלתו וחוכמתו, אך שאול וויתר על הכול ונתן את כל כולו לאדוני בלבד:

«כִּי אֲנִי הַצָּעִיר בַּשְּׁלִיחִים וְקָטֹנְתִּי מֵהִקָּרֵא שָׁלִיחַ כִּי־רָדַפְתִּי אֶת־קְהַל הָאֱלֹהִים: אֲבָל בְּחֶסֶד אֱלֹהִים הָיִיתִי מַה־שֶּׁהָיִיתִי וְחַסְדּוֹ עָלַי לֹא־הָיָה לָרִיק כִּי־יוֹתֵר מִכֻּלָּם עָמַלְתִּי וְלֹא אֲנִי כִּי־אִם־חֶסֶד אֱלֹהִים אֲשֶׁר עִמָּדִי» (האיגרת הראשונה אל הקורינתיים פרק ט״ו:9-11) .

ביכולת שאול היה לצאת בהצהרות נועזות עקב חוויית מפגשו המהמם עם: ישוע המשיח. האדון לא הסתפק רק בפגישתו עם שאול בדרך לדמשק אלא גם אישר את שירותו והתהלכותו עימו על ידי הפגנת פעלי כוח.

אלוהים עשה ניסים ונפלאות בלתי רגילים דרך ידי שאול, כך שמטפחות יזע

ופיסות בד אשר היו על גופו, הובאו לחולים והמחלות עזבום ורוחות רעות יצאו מהם. שאול אף השיב לתחייה איש צעיר בשם אַבְטוּכוֹס, אשר נפל מן הקומה השלישית ונהרג. להשיב חיי אדם זה דבר בלתי אפשרי בלי כוח אלוהים.

התנ"ך מדבר על: בן האלמנה מצרפת שהוקם מן המתים על ידי הנביא אליהו, כמו כן על הנביא אלישע שהשיב לחיים את בנה של אישה גדולה וחשובה משׁוּנֵם. ככתוב בְּתהילים מזמור ס"ב:12: «אַחַת דִּבֶּר אֱלֹהִים, שְׁתַּיִם-זוּ שָׁמָעְתִּי; כִּי עֹז, לֵאלֹהִים.» עוז (אלוהים ניתן לאנשי אלוהים.

במהלך שלושת מסעותיו הניח שאול: את ה יסוד עליו נבנתה הפצת הבשורה בשומרון ועד למקומות המרוחקים בתבל ולבניית קהילות רבות באסיה הקטנה ויוון. כך נפתח הנתיב דרכו הופצה בשורת המשיח בכל רחבי העולם וּנפשות אינספור נושעו.

שמעון כיפא מפגין כוח רב ומדריך אינספור נפשות לִישועה

מה נֹאמר על שמעון כיפא אשר עמד בראש המאמץ להביא את הבשורה ליהודים? הוא היה דייג רגיל, אך לאחר שנקרא על ידי ישוע-הפך כיפא לאחד התלמידים הטובים ביותר של האדון -לאחר שהיה עד לנסים הגדולים שנעשו על ידי ישוע. הוא ראה את ישוע מפגין כוח שאת סוגו ושיעורו בלתי ניתן לחקות, בין השאר פקיחת עיניי עיוורים, הקמת/שִחְרור משותקים, החייאת מתים. הוא ראה את ישוע עושה מעשים טובים וראה איך נטל את חטאותיהם ועוונותיהם של אנשים. בהביטו על ישוע-האמין כיפא: «הוא אכן בא מאלוהים.»

«מה תאמרו לי, מי אני?» «ויען שמעון כיפא ויאמר: אתה המשיח בן אלוהים חיים.»

בעצם היה זה דבר מדהים שכיפא יצא בהצהרה נועזת כזו. אם בהצהרות עסקינן הרי:שבלילה בו נלקח ישוע אל עמוד התלייה[צליבה],-דבר שהייה חלק מתוכנית אלוהית-כיפא שקודם לכן הצהיר בפני ישוע,:«אפילו אם כולם יעזבו אותך, אני לעולם לא אפנה את גבי אליך»-התכחש עתה שאפילו הכיר את ישוע ולא פעם אחת כי אם שלוש פעמים והכול מחמת פחדו ממוות.

לאחר תקומת ועליית ישוע השמיימה-קיבל כיפא את רוח הקודש והשתנה בצורה מופלאה. כאשר הוא הקדיש את כל חייו להפצת הבשורה מבלי חשש מוות כתוצאה ביום אחד שבו בְּתשובה 3,000 איש, נושעו ונטבלו. אף בפני מנהיגים יהודים שאיימו על חייו, העיד עדיין כיפא בעוז על כך שישוע המשיח הינו מושיענו היחיד.

«שׁוּבוּ מִדַּרְכֵיכֶם וְהִטָּבְלוּ כָּל־אִישׁ מִכֶּם לְשֵׁם יֵשׁוּעַ הַמָּשִׁיחַ לִסְלִיחַת חַטָּאֵיכֶם וְקִבַּלְתֶּם אֶת־מַתְּנַת רוּחַ הַקֹּדֶשׁ: כִּי לָכֶם הַהַבְטָחָה וְלִבְנֵיכֶם וּלְכֹל הָרְחוֹקִים לְכָל־אֲשֶׁר קֹרֵא יְהוָֹה אֱלֹהֵינוּ לָהֶם» (מפעלות [מעשי] השליחים פרק ב׳ :38-39).

«וְהוּא הָאֶבֶן אֲשֶׁר מְאַסְתֶּם אַתֶּם הַבּוֹנִים וַתְּהִי לְרֹאשׁ פִּנָּה: וְאֵין הַיְשׁוּעָה בְּאַחֵר כִּי לֹא נִתַּן תַּחַת הַשָּׁמַיִם שֵׁם אַחֵר לִבְנֵי אָדָם אֲשֶׁר־בּוֹ נִוָּשֵׁעַ» (מיפעלות השליחים פרק ד׳ :11-12).

בנוסף:הפגין כיפא את כוח אלוהים דרך מפגן של נסים ונפלאות. בעיר לוד ריפא כיפא אדם שהיה משותק במשך שמונה שנים, וביפו הוא הקים לתחייה את טַבִּיְתא. כמו כן : הקים כייפא נכה על רגליו, ריפא אנשים שסבלו ממגוון מחלות וגירש שדים.

כוח אלוהים ליווה את כיפא בהיקף נרחב עד כי אנשים הוציאו את החולים אל הרחוב והניחום על מזרונים וַאֲלונקות, כך שאפילו צל כיפא העובר במקום ייפול עליהם וְירפאו (מיפעלות השליחים פרק ה׳:15).

בעת שעבד אלוהים עם כיפא, הוא גילה לו שעל זאת שהישועה תגיע גם לגויים. יום אחד עלה כיפא על גג הבית להתפלל אך נתקף רעב ורצה לאכול. ראה כיפא חזון בו השמיים נפתחים ומעיין יריעה ירדה מן השמיים ובתוכה שלל מיני חיות בעלות ארבע רגליים, יצורים זוחלים וציפורי השמיים: (מפעלות השליחים פרק י׳:9-12).

ואז שמע כיפא קול: «קוּם, כֵּיפָא, טְבַח וֶאֱכֹל!» (פסוק 13) «חָלִילָה לִּי, אֲדֹנִי, כִּי מֵעוֹלָם לֹא אָכַלְתִּי כָּל פִּגּוּל וְטָמֵא» (פסוק 14). «אֶת אֲשֶׁר טִהֵר הָאֱלֹהִים, אַתָּה

אַל תְּטַמְּאֶנּוּ» (פסוק 15).

המחזה חזר על עצמו שלוש פעמים ולבסוף נלקח הכל בחזרה לשמיים.כיפא לא היה הצליח להבין מדוע אלוהים מצווה עליו לאכול משהו שהוגדר בתורת משה כטמא. כשכיפא הרהר על החזון שהראהו אלוהים-רוח הקודש אמרה לו: «הִנֵּה שְׁלוֹשָׁה אֲנָשִׁים מְבַקְשִׁים אוֹתְךָ. לָכֵן קוּם רֵד וּלְכָה נָא אִתָּם וְאַל תַּחְשֹׁב חִשְּׁבוֹנוֹת רַבִּים כִּי אָנֹכִי שְׁלַחְתִּים» (מפעלות השליחים פרק י׳ :19-20).

האנשים הגיעו בשם קורנליוס הגוי אשר שלחם להביא את כיפא לביתו. דרך חזיונות גילה אלוהים לכיפא שהוא השתוקק להושיט את רחמיו אף לגויים והתיר שבשורת הָאֲדוֹן תגיע אליהם. כהוקרת תודה לאדון על שהפקיד בידיו שליחות קדושה זו כבידי שליח, למרות התכחשות כיפא לְישוע שלוש פעמים,הדריך כיפא לאדון אינספור נפשות-ומותו כקדוש מעונה העיד על כך שחייו היו באמת מלאי משמעות.

השליח יוחנן מתעד את העתיד להתרחש בְּאַחֲרִית הימים על פי התגלות ישוע המשיח

יוחנן: דייג לשעבר מן הגליל, נקרא על ידי ישוע.הוא היה תמיד היה לצד הָאֲדוֹן והיה עד לנסים ונפלאות שחולל. יוחנן ראה כיצד הופך ישוע מים ליין בחתונה בכפר כנא, כיצד ריפא אדם שהיה חולה 38 שנה כשם שריפא אינספור אנשים, גירש שדים רבים ופקח עיניי עיוורים. יוחנן היה אף עד להתהלכות ישוע על המים ולהקמת אלעזר לְתחייה את לעזר לאחר שמת מזה ארבעה ימים.

יוחנן היה עם ישוע בעת הַהִשְׁתַּנּוּת-בה פני ישוע זרחו כשמש ובגדיו הפכו ללבנים כָּאור. ובעת שדיבר עם משה ואליהו על פסגת הר ההשתנות. כשישוע נשם את נשימותיו האחרונות על העץ שמע יוחנן את מילותיו:«אישה, הנה בנך!» «הנה אמך!»

במובן הפיזי של המילים הללו אשר אמר על העץ- ישוע בעצם ניחם את מרים שילדה אותו ובמובן הרוחני הכריז לאנושות כולה שכל המאמינים הם אחים, אחיות ואמהות.

ישוע לא פנה אל מרים כאל אמו. מאחר וְישוע בן האלוהים הינו: אלוהים

במהותו, אף אחת לא יכולה הייתה ללדת אותו והוא לא יכול היה להיות בן לאם. הסיבה לזאת שישוע אמר ליוחנן: «הנה אמך!» הייתה מאחר וכעת היה על יוחנן לשרת את מרים כאמו.

משעה זו והילך:לקח אותה יוחנן אל ביתו ולאחר תקומת ישוע ועלייתו השמיימה:בישר יוחנן את הבשורה בהתמדה ביחד עם שליחים אחרים למרות איומים בלתי פוסקים על חייו. כך חוותה הקהילה הראשונה תחייה רוחנית מרהיבה וזו גם הסיבה לכך שהשליחים היו כל הזמן נתונים לרדיפות.

השליח יוחנן נֶחקר לפני הסנהדרין ובמהלך שלטון הקיסר הרומי: דומיטיאנוס הוא הושלך אל תוך שמן רותח. בכוח ובהשגחת אלוהים העליונה :לא ניזוק יוחנן כלל וכתוצאה מכך הוא נשלח לגלות באי היווני: פָּטְמֹוס שבים התיכון. שם התחבר יוחנן עם אלוהים ותחת השראת רוח הקודש ראה חזיונות תחת הדרכת מלאכים, כתוצאה מכך: הוא תיעד את התגלות ישוע המשיח:

«חָזוֹן יֵשׁוּעַ הַמָּשִׁיחַ אֲשֶׁר נָתַן לוֹ הָאֱלֹהִים לְהַרְאוֹת אֶת עֲבָדָיו אֵת אֲשֶׁר יִהְיֶה בִּמְהֵרָה וְהוּא הוֹדִיעַ בְּשָׁלְחוֹ בְּיַד מַלְאָכוֹ לְעַבְדּוֹ לְיוֹחָנָן» (חזון יוחנן פרק א׳:1).

בהשראת רוח הקודש:תיעד השליח יוחנן בפרטי פרטים את הֶעָתִיד להתרחש בְּאַחֲרִית הימים בכדי שכול ם יקבלו את ישוע כמושיעם ויכינו עצמם לביאת מלך המלכים וַאדון האדונים.

חברי הקהילה הראשונה עומדים איתן באמונתם

לאחר מותו על העץ ותחייתו: הבטיח ישוע לתלמידיו שיחזור בדיוק כשם שראוהו עולה השמיימה.

עדים רבים לתקומתו ועלייתו השמיימה הבינו שגם הם יוכלו לקום לתחייה ואין להם שום צורך לפחד מן המוות. כעת הם יכולים לחְיות את חייהם כעדי ישוע- אפילו כנגד איומים, דיכויי מצד מושלי העולם ורדיפות שלעיתים אף גבו את מחיר חייהם. אף שתלמידי ישוע- עם רבים אחרים-שירתוהו עדיין הם הפכו לטרף לאריות בקולוסאום שברומא, ראשיהם נערפו, צלבום ואף שרפום בעודם

חיים – הרי שכולם עמדו איתן באמונתם בִּישוע המשיח.

כשהרדיפות נגד המאמינים התחזקו,התחבאו חברי הקהילה הראשונה בקטקומבות שברומא, אשר נודעו בציבור כ-«אולמות קבורה תת קרקעיים». הם היו אומללים, זה היה כאילו הם לא חיים. אך למרות הכול- באהבתם העזה לאדון- הם לא התייחסו לכל הניסיונות והעינויים שעברו.

לפני שהאמונה המשיחית קיבלה הכרה רשמית ברומא-היו הדיכויים נגד המאמינים קשים ואכזריים מנשוא. בדיוק כשם שלילה מחשיך יותר ויותר ככל שמתקרבים לזריחה, כך הופשטו המאמינים מאזרחותם, כתבי הקודש כמו גם הקהילות הוצתו באש ומנהיגי הקהילה והמשרתים נעצרו, עונו באכזריות והוצאו להורג.

פוֹלִיקַרְפּוֹס מקהילת סְמְיֶרְנָה שבאסיה הקטנה, הכיר את יוחנן השליח באופן אישי והיה משרת מסור. כשנעצר על ידי הרשויות הרומיות, הוא עמד בפני המושל ולא התכחש לאמונתו:

«אין ברצוני להמיט חרפה עליך. צווה להרוג את המשיחיים הללו וַאֲשַחֲררך. קלל את המשיח!»

«זה שמונים ושש שנה אני משרת את ישוע ומעולם לא עשה לי כל רע. איך אוכל לקלל את מלכי ומושיעי?»

בשלהי חייו: פוליקרפוס- הגמון סמירנה- מת מות קדושים כשנדקר לאחר ניסיון כושל לשרוף אותו.כשמאמינים רבים היו עדים לְצעדת האמונה של פוליקרפוס הם הצהירו:«ראינו את המשיח צלוב על העץ.» הם ירדו לעומק ייסורי המשיח ובחרו לעבור מות קדושים בעצמם:

«וַיֹּאמֶר אֲלֵיהֶם אַנְשֵׁי יִשְׂרָאֵל הִשָּׁמְרוּ לָכֶם מִפְּנֵי הָאֲנָשִׁים הָאֵלֶּה בְּמָה שֶׁתַּעֲשׂוּ לָהֶם: כִּי לִפְנֵי הַיָּמִים הָאֵלֶּה קָם תּוֹדָס וַיִּתֵּן אֶת נַפְשׁוֹ כְּאַחַד הַגְּדוֹלִים וַיִּדְבְּקוּ בוֹ כְּאַרְבַּע מֵאוֹת אִישׁ ויֵּהָרֵג וַיִּתְפָּרְדוּ כֹּל אֲשֶׁר שָׁמְעוּ אֵלָיו וַיִּהְיוּ לְאָיִן: וְאַחֲרָיו קָם

יְהוּדָה הַגְּלִילִי בִּימֵי הַמִּפְקָד וַיָּסֶת עַם רָב אַחֲרָיו וְגַם הוּא נֶהֱרַג וְכֹל אֲשֶׁר שָׁמְעוּ אֵלָיו נָפֹצוּ: וְעַתָּה אֲנִי אֹמֵר אֲלֵיכֶם חִדְלוּ לָכֶם מִן הָאֲנָשִׁים הָאֵלֶּה וְהַנִּיחוּ לָהֶם כִּי הָעֵצָה וְהַפְּעֻלָּה הַזֹּאת אִם מֵאֵת אָדָם הִיא תֻּפָר: וְאִם מֵאֵת הָאֱלֹהִים הִיא לֹא תוּכְלוּ לְהָפֵר אֹתָהּ פֶּן תִּמָּצְאוּ נִלְחָמִים אֶת הָאֱלֹהִים» (מפעלות[מעשי] השליחים פרק ה׳:38-39).

רבן גמליאל :הוכיח והזכיר לעם ישראל שבשורת ישוע המשיח אותה הגה אלוהים לא תמוטט. לבסוף בשנת 313 לספירה,:הכיר הקיסר קוּנְסְטַנְטִינוּס באמונה המשיחית והכריז עליה כעל דתה הרִשמית של האימפריה הרומית וכך המריאה בשורת המשיח ישוע והופצה ברחבי העולם כולו.

העדות על אדוננו כפי שתועדה בדו׳׳ח פילאטוס

בין מסמכים היסטוריים מהתקופה של האימפריה הרומית, מצוי כתב יד על תחיית ישוע, אשר כתב פונטיוס פילאטוס מושל יהודה- שהייתה נפה רומית בתקופת ישוע- ושלח לקיסר.

להלן קטע מתוך «דו״ח פילאטוס לקיסר על מאסר, משפט וּצליבת ישוע». בימים אלה הדו״ח הנ״ל נשמר באיה סופיה קהילת החכמה [הקדושה] באיסטנבול שבטורקיה:

מספר ימים לאחר שנמצא הקבר ריק, הכריזו תלמידי ישוע ברחבי הארץ כולה שישוע קם מן המתים-בדיוק כשם שחזה. דבר זה יצר התרגשות רבה יותר מצליבתו. באשר לאמיתות הדבר, אין ביכולתי לֹאמר בבִטחה, אך ערכתי חקירה בעניין כך שתוכל לבחון בעצמך ולראות האם יש בי אשמה, כפי שמציג זאת הורדוס.

יוסף קבר את ישוע בקברו שלו. באם הרהר על תחייתו או עשה חישוב לכרות לעצמו קבר אחר, אין ביכולתי לומר. יום לאחר שישוע נקבר, אֶחָד הכוהנים הגיע למפקדה רומית ואמר שהם דואגים מכך שתלמידי ישוע מתכוונים לגנוב

את גופתו, להסתירה ולאחר מכן לגרום שזה להיראות כאילו שהוא קם מן המתים כפי שחזה ובכך הם היו משוכנעים לחלוטין.

שלחתי אותו למפקד המשמר המלכותי (מלקוס), לאמר לו לקחת חיילים יהודיים, למקם כמה שיותר מסביב למקום הקבורה ובמידה ומשהו יתרחש, הם יוכלו להאשים את עצמם ולא את הרומים.

כשהתעוררה התרגשות רבה בנוגע למציאת הקבר הריק, הרגשתי חרדה עמוקה יותר מאֵי פעם. הזמנתי אדם בשם איסלם, אשר סיפר לי את אשר אוכל לזכור מן הנסיבות הבאות. הם ראו אור רך ויפה מעל הקבר. בראשונה הוא חשב שהנשים הגיעו בכדי לחנוט את גופת ישוע, כהרגלן, אלא שלא ניתן לראות כיצד הצליחו לעבור את השומרים. בעת שמחשבות אלה התרוצצו בראשו, לפתע התמלא המקום כולו באור ונראו המון רב של מתים בבגדי קבורתם.

נראה שכולם צעקו והתמלאו בְּסערת יצרים כשמסביב ומעל נשמעה המוזיקה היפה ביותר שאי פעם שמע, נדמה היה שהאוויר כולו התמלא בהלל לאלוהים. לאורך כל הזמן נעה האדמה וָנָדָה בחוזקה עד כי הוא חש בחילה ועלפון ונבצר ממנו לעמוד על רגליו. הוא סיפר כי נדמה היה שהקרקע מרחפת מתחת לרגליו, הוא איבד את חושיו, כך שלא הבין בדיוק את המתרחש.

כפי שיכולים אנו לקרוא בְּבשורת מתתיהו פרק כ"ז:51-53: «וַתִּרְעַשׁ הָאָרֶץ וְהַסְּלָעִים הִתְבַּקָּעוּ: וְהַקְּבָרִים נִפְתָּחוּ וְרַבִּים מִן הַקְּדוֹשִׁים יְשֵׁנֵי אַדְמַת עָפָר נֵעוֹרוּ: וַיֵּצְאוּ מִן הַקְּבָרִים אַחֲרֵי תְחִיָּתוֹ וַיָּבֹאוּ אֶל הָעִיר הַקְּדוֹשָׁה וַיֵּרָאוּ לָרַבִּים.» החיילים הרומים נתנו עדות זהה למתרחש.

לאחר שתיעד את עדויות חייליו אשר היו עדים לתופעה רוחנית זו,העיר פילאטוס בסוף הדוח :«אני כמעט מוכן לומר כמו מלקוס בראותו את העץ: «אמת לאמיתה שזהו בן האלוהים.»

עדים רבים

עדי הָאָדוֹן חיו לא רק בתקופת ישוע, כפי שישוע אמר: «וְכָל אֲשֶׁר תִּשְׁאֲלוּ בִּשְׁמִי אֶעֱשֶׂנּוּ יְכֻבַּד הָאָב בִּבְנוֹ.» רבים מקבלים מענה לְתפילותיהם אף לאחר – תחיית ועליית ישוע השמיימה.

«אֲבָל תקבלו עוז בְּבוֹא עֲלֵיכֶם רוּחַ הַקֹּדֶשׁ וִהְיִיתֶם עֵדַי בִּירוּשָׁלַיִם וּבְכָל יְהוּדָה וּבְשׁוֹמְרוֹן וְעַד קְצֵה הָאָרֶץ» (מפעלות השליחים פרק א׳ :8).

התחלתי להאמין באדון ישוע לאחר שהתרפאתי בכוח אלוהים מכל המחלות שכנגדן עמד המדע חסר אונים לחֲלוטין. מאוחר יותר נמשחתי כִּמְשָׁרֵת הָאָדוֹן. מני אז אני מטיף את בשורתו לכל הָעֲמִים ומפגין את נִסָּיו ביניהם.

כשבני אלוהים, אשר קיבלו את רוח הקודש, הקדישו את חייהם להפצת הבשורה בכוח רוח הקודש,זו האחרונה התפשטה ברחבי העולם כולו וכתוצאה כיום אנשים רבים פוגשים את אלוהים חיים ומקבלים את ישוע המשיח:

«וַיֹּאמֶר אֲלֵיהֶם לְכוּ אֶל כָּל הָעוֹלָם וְקִרְאוּ אֶת הַבְּשׂוֹרָה לְכָל הַבְּרִיאָה: הַמַּאֲמִין וְנִטְבָּל הוּא יִוָּשֵׁעַ וַאֲשֶׁר לֹא יַאֲמִין יֶאְשָׁם: וְאֵלֶּה הָאוֹתוֹת אֲשֶׁר יִלָּווּ אֶל הַמַּאֲמִינִים יְגָרְשׁוּ שֵׁדִים בִּשְׁמִי וּבִלְשֹׁנוֹת חֲדָשׁוֹת יְדַבֵּרוּ: נְחָשִׁים יִשְׂאוּ בִּידֵיהֶם וְיִשְׁתּוּ סַם הַמָּוֶת וְלֹא יַזִּיקֵם עַל חוֹלִים יָשִׂימוּ אֶת יְדֵיהֶם וְיִיטַב לָהֶם» (בשורת מרקוס פרק ט״ז:15-18).

קהילת הקבר הקדוש וגולגולתא בִּירושלים

פרק ב׳

המשיח שנשלח על ידי אלוהים

אלוהים מבטיח את המשיח

ישראל סבלה מפלישות ואיבדה את ריבונותה תחת שלטון עמים זרים כְּפָּרס ורומי, ללא כל ריבונות. דרך נביאיו הבטיח רבות אלוהים: על המשיח שעתיד לבוא כמלך ישראל. לעם ישראל המיוסר לא היה מקור תקווה גדול יותר מאשר הבטחות אלוהים על המשיח:

«כִּי יֶלֶד יֻלַּד לָנוּ, בֵּן נִתַּן לָנוּ, וַתְּהִי הַמִּשְׂרָה עַל שִׁכְמוֹ; וַיִּקְרָא שְׁמוֹ פֶּלֶא יוֹעֵץ אֵל גִּבּוֹר, אֲבִיעַד שַׂר שָׁלוֹם: לְמַרְבֵּה הַמִּשְׂרָה וּלְשָׁלוֹם אֵין קֵץ, עַל כִּסֵּא דָוִד וְעַל מַמְלַכְתּוֹ, לְהָכִין אֹתָהּ וּלְסַעֲדָהּ, בְּמִשְׁפָּט וּבִצְדָקָה; מֵעַתָּה וְעַד עוֹלָם, קִנְאַת יְהוָה צְבָאוֹת תַּעֲשֶׂה זֹּאת» (ישעיהו פרק ט׳:5-6).

«הִנֵּה יָמִים בָּאִים נְאֻם יְהוָה, וַהֲקִמֹתִי לְדָוִד צֶמַח צַדִּיק; וּמָלַךְ מֶלֶךְ וְהִשְׂכִּיל, וְעָשָׂה מִשְׁפָּט וּצְדָקָה בָּאָרֶץ: בְּיָמָיו תִּוָּשַׁע יְהוּדָה, וְיִשְׂרָאֵל יִשְׁכֹּן לָבֶטַח; וְזֶה שְּׁמוֹ אֲשֶׁר יִקְרְאוֹ יְהוָה צִדְקֵנוּ» (ירמיהו פרק כ״ג:5-6).

«גִּילִי מְאֹד בַּת צִיּוֹן, הָרִיעִי בַּת יְרוּשָׁלִַם, הִנֵּה מַלְכֵּךְ יָבוֹא לָךְ, צַדִּיק וְנוֹשָׁע הוּא; עָנִי וְרֹכֵב עַל חֲמוֹר, וְעַל עַיִר בֶּן אֲתֹנוֹת: וְהִכְרַתִּי רֶכֶב מֵאֶפְרַיִם, וְסוּס מִירוּשָׁלִַם, וְנִכְרְתָה קֶשֶׁת מִלְחָמָה, וְדִבֶּר שָׁלוֹם לַגּוֹיִם; וּמָשְׁלוֹ מִיָּם עַד יָם, וּמִנָּהָר עַד אַפְסֵי אָרֶץ» (זכריה פרק ט׳:9-10).

ישראל חיכתה לְמשיחה עד בלי די ועד היום היא מצפה לו. מה מעכב את ביאת המשיח לו מחכה ומצפה ישראל בכיליון עיניים? יהודים רבים מבקשים מענה לְשאלה זו, אך התשובה נמצאת בעובדה שהם אינם מודעים לכך שהמשיח כבר בא.

ישוע המשיח סבל בדיוק כשם שניבא הנביא ישעיהו

המשיח אותו הבטיח אלוהים לישראל הינו: ישוע. אשר נולד בבית לחם-אפרתה שבִּיהודה לפני למעלה מאלפיים שנה וכשהגיעה השעה מת ישוע על העץ, קם לְתְחייה ופתח את הדרך לְישועה עבור כל האנושות. אך היהודים בתקופת ישוע לא הכירו בו כמשיח לו הם מצפים. ישוע לא נראה כלל כדמות המשיח המצופה.

מותשים מן התקופה הממושכת של שלטון קולוניאלי[המבוסס על מושבות],ציפו היהודים לבוא משיח חזק אשר יגאל אותם מסכסוכים וּמאבקים פוליטיים. הם חשבו שהמשיח יבוא כמלך ישראל, ישים קץ לכל המלחמות, יגאל אותם מרדיפות ודיכויים, ייתן להם שלום אמיתי וִיפאר אותם מעל לכל הָעָמים.

למרות הציפיות:לא בא ישוע לעולם בהוד והדר ההולמים בן מלוכה, אלא כבן נגר עני. הוא אף לא בא בכדי לשחרר את ישראל מן הדיכוי הרומי או לשקם את פארה הקודם של ישראל. אף שישוע היה בן אלוהים, הוא בא לעולם בכדי לשקם את בני האדם ולהחזירם להיות בני אלוהים אמיתיים, לאחר שהיו מיועדים להרס עקב חטא אי הציות של אדם.

מפאת הסיבות הללו:לא הכירו היהודים בִּישוע כָּמשיח לו ציפו וּבמקום זאת צלבוהו. בעת בחינת דמות המשיח כפי שהיא מופיעה בתנ"ך: אנו מאשרים את העובדה שישוע הוא אכן המשיח:

«וַיַּעַל כַּיּוֹנֵק לְפָנָיו, וְכַשֹּׁרֶשׁ מֵאֶרֶץ צִיָּה, לֹא תֹאַר לוֹ וְלֹא הָדָר; וְנִרְאֵהוּ וְלֹא מַרְאֶה וְנֶחְמְדֵהוּ: נִבְזֶה וַחֲדַל אִישִׁים, אִישׁ מַכְאֹבוֹת וִידוּעַ חֹלִי; וּכְמַסְתֵּר פָּנִים מִמֶּנּוּ, נִבְזֶה וְלֹא חֲשַׁבְנֻהוּ» (ישעיהו פרק נ"ג:2-3).

אלוהים כבר אמר לבני ישראל: שהמשיח- מלך ישראל הֶעָתיד לבוא, לא יהא בעל: «מראה אשר יחמוד לנו» ועוד שיהא: «נבזה וַחֲדל אישים».אף לאחר דברים אלה נכשלו בני ישראל בהכרתו כמשיח המובטח ע"י אלוהים.

בזו לו והוא נזנח על ידי נבחרי אלוהים קרי: בני ישראל, אך אלוהים שם את

ישוע המשיח מעל לכל הֶעַמים ועד היום קיבלוהו רבים כמושיעם.

כשם שמחבר תהילים ציין:«אֶבֶן מָאֲסוּ הַבּוֹנִים; הָיְתָה, לְרֹאשׁ פִּנָּה: מֵאֵת יְהוָה הָיְתָה זֹּאת; הִיא נִפְלָאת בְּעֵינֵינוּ» (תהילים מזמור קי״ח:22-23), ההשגחה העליונה של ישועת האנושות הוגשמה בִּישוע אשר ישראל זנחה.

ישוע לא נראה כמשיח אותו ציפו לראות בני ישראל אך אנו יכולים להבין שהוא אכן המשיח אותו ניבא אלוהים דרך נביאיו.

דבר הבטחת אלוהים בנוגע למשיח: כבוד, שלום ושיקום, שייך לעולם הרוחני והמשיח המובטח הינו גם משיח רוחני.כדברי ישוע:«מלכותי איננה מן העולם הזה» (בשורת יוחנן פרק י״ח:36).

המשיח עליו ניבא אלוהים: לא היה מלך עם כבוד וסמכות ארצית.לא היה על המשיח: לבוא בכדי שבני אלוהים ייהנו מעושר, שם וכבוד במהלך חייהם הזמניים בעולם הזה.המשיח הגיע בכדי להושיע את אנשיו מחטאותיהם למען ייהנו משמחה וכבוד בשמיים לנצח נצחים:

«וְהָיָה בַּיּוֹם הַהוּא, שֹׁרֶשׁ יִשַׁי, אֲשֶׁר עֹמֵד לְנֵס עַמִּים, אֵלָיו גּוֹיִם יִדְרֹשׁוּ; וְהָיְתָה מְנֻחָתוֹ כָּבוֹד» (ישעיהו פרק י״א:10) .

יתרה מזאת:המשיח המובטח אינו רק עבור בחירת אלוהים- ישראל.אלא שבא גם בעֲבור יגשים את הבטחת ישועת כל המקבלים באמונה את הבטחת אלוהים לְמשיח –לכל צאצאי אברהם [אב המון גויים].בקיצור המשיח אמור לבוא על מנת להגשים את הבטחת הישועה לכל משפחות האדמה.

הצורך במשיח בעבור כל האנושות

מדוע קיים צורך במשיח שיביא ישועה לא רק לישראל, אלא אף לאנושות כולה?

בְּבראשית פרק א׳:28:מברך אלוהים את אדם וחווה: «וַיְבָרֶךְ אֹתָם אֱלֹהִים,

וַיֹּאמֶר לָהֶם אֱלֹהִים, פְּרוּ וּרְבוּ וּמִלְאוּ אֶת הָאָרֶץ וְכִבְשֻׁהָ; וּרְדוּ בִּדְגַת הַיָּם וּבְעוֹף הַשָּׁמַיִם, וּבְכָל חַיָּה הָרֹמֶשֶׂת עַל הָאָרֶץ.»

לאחר בריאת אדם הראשון וביסוסו כשליט הבריאה נתן לו אלוהים סמכות «לכבוש» ו-«לרדות» בארץ. בעקבות האכילה מפרי עץ הדעת טוב ורע- דבר שאלוהים בפירוש אסר עליהם לעשות- וביצוע חטא אי הציות שנגרם כתוצאה מפיתוי בידי נחש שהוסת על ידי השטן-נבצר מאדם ליהנות יותר מסמכות זו.

כשצייתו לְדבר הצדקה של אלוהים-אדם וחוה-כעבדי הצדקה-נהנו מן הסמכויות שהפקיד אלוהים בידם.אך לאחר שחטאו הם הפכו עבדים לחטא ולשטן ונאלצו לוותר על סמכותם (האיגרת אל הרומיים פרק ו׳:16). כתוצאה מכך: כל הסמכות שאדם קיבל מאלוהים נמסרה לאויב-השטן.

בְּבשורת לוקס פרק ד׳: האויב-השטן ניסה לפתות את ישוע-אשר זה עתה סיים צום בן 40 יום-שלוש פעמים. בהראותו לְישוע את כל ממלכות העולם:»וַיֹּאמֶר אֵלָיו הַשָּׂטָן לְךָ אֶתֵּן אֶת כָּל הַמֶּמְשָׁלָה הַזֹּאת וְאֶת כְּבוֹדָן כִּי נִמְסְרָה בְיָדִי וּנְתַתִּיהָ לַאֲשֶׁר אֶחְפָּץ: וְעַתָּה אִם תִּשְׁתַּחֲוֶה לְפָנַי הַכֹּל יִהְיֶה לָּךְ» (בשורת לוקס פרק ד׳ :7-6). השטן רומז: ש«הממשלה וכבודן נמסרה בידי» על ידי אדם, לכן יכול השטן אף למסור את השלטון למישהו אחר.

אכן: אדם איבד כל סמכות שהועברה לידי השטן וכך הפך אדם לעבדו. בנוסף לכך תחת שליטת השטן המשיך אדם לחטוא-והוצב בדרך אל המוות, כי שכר החטא הינו מוות.עונש זה לא עצר אצל אדם אלא השפיע על כל צאצאיו אשר קיבלו בתורשה את חטאו המקורי של אדם. הם גם הושמו תחת סמכות החטא אשר נמשל על ידי האויב- השטן והוצבו על אותה דרך אלי מוות.

כל זה מעיד על הצורך במשיח אשר יגאל לא רק את נבחרי אלוהים, אלא אף את כל עמי העולם הנזקקים למשיח אשר יושיעם משלטון השטן.

מאפייני המשיח

בדיוק כשם שקיימים חוקים בעולם הזה, קיימים גם חוקים וכללים בעולם הרוחני. חוק העולם הרוחני מכתיב בין אם אדם אותו ברא אלוהים ייפול אלֵי המוות, או יקבל סליחת חטאים ויבוא אל הישועה.

אֵילו דרישות חייב למלא המשיח על מנת להושיע מקללות התורה את כל האנושות הנמצאת בדרכה אל המוות?

את דרישות ומאפייני המשיח ניתן למצוא ב:«חוק גאולת הארץ» שבתורת ה׳ אשר ניתנה לנבחריו:

«וְהָאָרֶץ, לֹא תִמָּכֵר לִצְמִתֻת, כִּי לִי הָאָרֶץ; כִּי גֵרִים וְתוֹשָׁבִים אַתֶּם עִמָּדִי: וּבְכֹל אֶרֶץ אֲחֻזַּתְכֶם; גְּאֻלָּה תִּתְּנוּ לָאָרֶץ: כִּי יָמוּךְ אָחִיךָ, וּמָכַר מֵאֲחֻזָּתוֹ; וּבָא גֹאֲלוֹ הַקָּרֹב אֵלָיו, וְגָאַל אֵת מִמְכַּר אָחִיו» (ויקרא פרק כ״ה:23-25).

חוק גאולת הארץ מכיל סודות מאפייניו של המשיח

בני ישראל-נבחרי אלוהים-צייתו לתורתו. כך שאף במהלך סגירת עסקה על קניה או מכירת אדמה הם דבקו בקפדנות בחוק המקראי של גאולת הארץ. להבדיל מחוקי מכירת מקרקעין בארצות אחרות, חוקי ישראל הבהירו זאת בחוזה, כי האדמה לא תימכר לְצמיתות וכי תינתן האפשרות לרוכשה בחזרה במועד מאוחר יותר. החוק אפשר לְקרוב משפחה עשיר לגאול את הקרקע בעבור בן משפחתו. במידה ולא היה לאדם קרוב משפחה, אך השיג מספיק בכדי לגאול את אדמתו, החוק התיר לבעל הקרקע המקורי לגאול את אדמתו לעצמו.

אם כן כיצד מתקשר חוק גאולת הארץ לְמאפייני המשיח?

על מנת להבין זאת, עלינו לזכור שאדם נברא מעפר האדמה. בבראשית פרק ג׳:19 אומר אלוהים לאדם: «בְּזֵעַת אַפֶּיךָ תֹּאכַל לֶחֶם, עַד שׁוּבְךָ אֶל הָאֲדָמָה, כִּי מִמֶּנָּה לֻקָּחְתָּ; כִּי עָפָר אַתָּה, וְאֶל עָפָר תָּשׁוּב», ופסוק 23 אומר: «וַיְשַׁלְּחֵהוּ יְהוָה אֱלֹהִים מִגַּן עֵדֶן; לַעֲבֹד אֶת הָאֲדָמָה, אֲשֶׁר לֻקַּח מִשָּׁם.»

אלוהים אמר לאדם: «הנך עפר», ו-«האדמה» מסמלת באופן רוחני שהאדם נוצר מעפר האדמה. כך שחוק גאולת הארץ המתייחס לקניית-מכירת האדמה, מתקשר ישירות לחוק הרוחני המתייחס לישועת האנושות.

בהתאם לחוק גאולת הארץ, מפאת היות הארץ בבעלות אלוהים, אף אחד אינו יכול למוכרה לצמיתות. בדומה לכך: כל הסמכות אשר קיבל אדם מאלוהים, שייכת במקור לאלוהים, לכן אף אחד לא יכול היה למוסרה לצמיתות. אם האיש הפך לעני ומכר את אדמתו-תיגאל הקרקע כשיופיע האדם המתאים. באורח דומה: השטן -אויב נדרש להחזיר את הסמכות שמסר לו אדם, כאשר מופיע מישהו שיכול לגאול סמכות זו.

בהסתמך על חוק גאולת הארץ: אלוהיי האהבה והצדק הכין מישהו אשר יוכל להשיג מחדש את כל הסמכות שאדם מסר לידי השטן. המישהו הזה הינו: המשיח- ישוע בן אלוהים אשר הוכשר מימי עולם.

מאפייני המושיע ומימושם על ידי ישוע המשיח

הבה ונבחן מדוע קיום ישוע-מושיע האנושות כולה מבוסס על חוק גאולת הארץ.

א.: בדיוק כשם שגואל הארץ חייב להיות איש קרוב משפחה, המושיע שיגאל את האנושות מחטאותיה חייב אף הוא להיות אדם. ככתוב בספר ויקרא פרק כ״ה:25: «כִּי יָמוּךְ אָחִיךָ, וּמָכַר מֵאֲחֻזָּתוֹ; וּבָא גֹאֲלוֹ הַקָּרֹב אֵלָיו, וְגָאַל אֵת מִמְכַּר אָחִיו.» אם אדם לא מסוגל להרשות לעצמו להחזיק באדמתו, בן המשפחה הקרוב לו ביותר יכול לרוכשה בעבורו. בדומה לזאת: גאולת הסמכות-אותה מסר אדם לשטן- חייבת התבצע על ידי אדם-«קרוב משפחה.»

כפי שאנו מוצאים באיגרת הראשונה לקורינתיים פרק ט"ו:21: «כִּי אַחֲרֵי אֲשֶׁר בָּא הַמָּוֶת עַל יְדֵי אָדָם גַּם תְּחִיַּת הַמֵּתִים בָּאָה עַל יְדֵי אָדָם.» הכתובים מאשרים עֲבורנו מחדש שחטאי אדם אינם יכולים לגאול מלאכים או חיות- אלא רק אדם. האנושות כולה הוצבה בדרך אל המוות בשל חטאו של אדם הראשון. מישהו חייב לגאול את האנושות מחטאותיה ורק אדם כמותם: «קְרוב משפחְתו» יכול להגשים זאת.

למרות שישוע היה בעל טבע אלוהי עקב היותו: בן אלוהים. בנוסף לזאת אף היה לו: טבע אנושי. הוא נולד לאישה על מנת לגאול אותנו מחטאותינו. (בשורת יוחנן פרק א׳:14) והוא חווה גדילה. כשהיה בן אנוש ישוע: ישן, חש רעב וצמא, חווה שמחה וָצַעַר. כשניתלה על העץ- דימם ישוע וחש את הכאב הנלווה.

אף בהקשר ההיסטורי: ישנה הוכחה גורפת שאין להכחישה המעידה על כך שישוע בא לעולם הזה כבן אדם. עם לידת ישוע כנקודת מוצא- היסטוריית העולם מתחלקת לשניים: «לפני הספירה»- הכוונה לפני שישוע נולד ו-«אחרי הספירה»- הכוונה לאחר לידת ישוע. עובדות אלו משמשות כהצהרה לכך שישוע בא אל העולם כאדם. אף שהוא בן אלוהים-מספק ישוע את הדרישה הראשונה למאפייני המושיע מאחר והוא בא אל העולם כאדם.

ב.: כשם שגואל הארץ אינו יכול היה לגאול אותה באם הוא עני-כך: מושיע האנושות אינו יכול היה להיות צאצא של אדם החוטא.

אם אח רוצה לשלם את חובה של אחותו- עליו להיות ללא כל חוב.

באורח דומה: לגאול אחרים מחטאותיהם דורש מהגואל להיות נטול כל חטא. אם הגואל חוטא- הוא הופך לעבד לחטא. לכן איכה ניתן להעלות על הדעת: שייגאל אחרים מחטאותיהם?

לאחר שאדם חטא את חטא המרד והאי ציות, כל צאצאיו נולדו כשהחטא הקדמון טבוע בם. לכן:אף צאצא של אדם אינו יכול להיות מושיע.

מבחינת הבשר: ישוע הינו בן דוד והוריו הם יוסף וּמריים. אך בְּבשורת מתתיהו פרק א׳:20 נאמר לנו: «כִּי הַנּוֹצָר בְּקִרְבָּהּ מֵרוּחַ הַקֹּדֶשׁ הוּא.»

הסיבה לכך שכל אדם נולד עם החטא הקדמון הינה: שהוא יורש את תכונות החטא של הוריו מזרע אביו ובֵּיצִית אימו ואילו ישוע כאיש לא נוצר מזרע יוסף וביצית מריים, אלא על ידי: כוח רוח הקודש. אלוהים הכול יכול מסוגל על נקלה לגרום להיווצרות עובר על ידי כוח רוח הקודש- מבלי לאחד זרע וביצית.

ישוע בסך הכול: «שאל» את גוף מריים. מריים התעברה מכוח רוח הקודש לכן לא ירש ישוע ולוּ אחת מתכונות החוטא. מאחר וישוע אינו צאצאו של אדם ואין בו את החטא הקדמון, הוא יכול לספק את הדרישה השנייה לאפיוני המשיח.

ג.: בדיוק כשם שלגואל הארץ חייבת להיות היכולת לגאול את הקרקע, כך גם למושיע האנושות חייב להיות הכוח להביס את האויב.

ויקרא פרק כ"ה:26-27 אומר לנו: «וְאִישׁ כִּי לֹא יִהְיֶה לּוֹ גֹּאֵל; וְהִשִּׂיגָה יָדוֹ, וּמָצָא כְּדֵי גְאֻלָּתוֹ: וְחִשַּׁב אֶת שְׁנֵי מִמְכָּרוֹ, וְהֵשִׁיב אֶת הָעֹדֵף, לָאִישׁ אֲשֶׁר מָכַר לוֹ; וְשָׁב לַאֲחֻזָּתוֹ.» במילים אחרות: על מנת לרכוש בחזרה את האדמה, יש צורך באמצעים מתאימים.

הצלת שבויי מלחמה דורשת כוח מספק בכדי להביס את האויב, פירעון חובם של אחרים דורש הימצאות של אמצעים כלכליים. באורח דומה: על מנת להושיע את האנושות כולה מסמכות האויב-על המושיע להחזיק בכוח וּבסמכות להביס אותו.

בטרם חטא:החזיק אדם בכוח למשול על כל הבריאה. לאחר שחטא:הפך אדם כפוף לסמכות השטן. מכאן ניתן להבין שהכוח להביס את השטן בא מחפות מכל חטא בעולם הרוחני – ישוע המשיח היה נטול כל חטא.מאחר ונולד מרוח הקודש ולא היה צאצא של אדם החוטא- היה ישוע חף מכל חטא קדמון. יתרה מזאת:מאחר וציית לתורת אלוהים כל חייו-לא חטא ישוע כלל. מסיבה זו השליח כיפא אמר: שישוע «אֲשֶׁר חֵטְא לֹא עָשָׂה וְלֹא נִמְצְאָה מִרְמָה בְּפִיו; אֲשֶׁר חֵרְפוּהוּ וְלֹא הֵשִׁיב חֵרוּף, סָבַל וְלֹא אִיֵּם, כִּי אִם מָסַר דִּינוֹ לְשׁוֹפֵט הַצֶּדֶק» (האיגרת הראשונה לכיפא פרק ב׳:22-23).

עקב היותו חף מכל חטא-יכול ישוע להביס את השטן וּלהושיע את האנושות

ולראיה עומדים:אינספור ביטויי כוחו. ישוע הפך אנשים לשלמים בשנית על ידי: גירוש שדים, ריפויי עיוורים,ריפוי חירשים ונכים. ישוע אף הרגיע משברי ים עזים והקים מתים לְתחייה.

העובדה שישוע היה ללא כל חטא: אושרה מחדש ללא כל צל של ספק- בְּתחייתו מן המתים. על פי חוק העולם הרוחני: חוטאים צריכים לעמוד בפני מוות (האיגרת אל הרומיים פרק ו׳:23). ישוע- אשר היה נטול כל חטא- הוא לא הועמד תחת סמכות המוות כשמסר את נשמתו האחרונה ולכן קם לתחייה.

נא זִכרו: שאבות האמונה הגדולים כגון: חנוך ואליהו אשר היו נטולי חטא והתקדשו לחלוטין- הועלו לשמיים מבלי לעמוד בפני מוות. באורח דומה: על ידי תקומתו של ישוע מן המתים ביום השלישי- לאחר מותו על העץ-ניפץ ישוע את סמכות השטן בתחייתו.בכך הפך למושיע האנושות כולה.

ד.: בדיוק כשם שגואל הארץ חייב לאהוב על מנת לגאול את האדמה בעבור קרובו, כך גם מושיע האנושות חייב להיות מלא בָּאַהֲבָה שבזכותה הוא יכול להקריב את חייו בעבור אחרים.

אם המושיע ממלא את שלושת הדרישות הראשונות המוזכרות קודם- אך אין בליבו אהבה- הוא אינו יכול להיות: מושיע האנושות. נניח שנגד אדם מסוים עומד חוב של 100,000$ וַאֲחותו הינה: מולטי-מיליונרית. בלי אהבה-לא תשלם האחות את חוב אחיה ואילו בעבורו- הונה העצום יהא חסר משמעות.

ישוע בא אל העולם כאדם שלא היה צאצא ישיר של אדם ולכן יש לו את הכוח להביס כל חטא. אך ללא אהבה-לא היה מצליח להושיע את האנושות מחטאותיהם. משמעות גאולת האנושות בידי ישוע הייתה: שעליו לקחת על עצמו את עונש המוות בְּמקומם. בכדי להושיע את האנושות היה על ישוע להיתלות [בְּצליבה] כחוטא הנתעב ביותר בעולם, להיחשף לבוז ולעג ושדמו יוקז- בשילוב עם מים -מגופו עד מוות. באהבתו הֶעָזָה לאנושות לא התייחס ישוע למידת עונש הצליבה שעליו לשאת למען גאולת האנושות מחטאיהם.

מדוע אם כן:היה חייב ישוע להיתלות על העץ ולדמם למוות? ככתוב בְּדברים

פרק כ״א:22-23: «וְתָלִיתָ אֹתוֹ עַל-עֵץ... כִּי-קִלְלַת אֱלֹהִים תָּלוּי [על-עץ].»בהתאם לחוקי העולם הרוחני המכתיבים: ש״שכר החטא הוא מוות»-ניתלה ישוע על העץ בכדי לגאול את האנושות מקללת החטא לו הייתה משועבדת.

יתרה מזאת:ככתוב בְּויקרא פרק י״ז 11: «כִּי נֶפֶשׁ הַבָּשָׂר בַּדָּם הִוא וַאֲנִי נְתַתִּיו לָכֶם עַל-הַמִּזְבֵּחַ לְכַפֵּר עַל-נַפְשֹׁתֵיכֶם כִּי-הַדָּם הוּא בַּנֶּפֶשׁ יְכַפֵּר».משמע: אין סליחת חטאים בלי שפיכת דם.

כמובן: שניתן היה להביא בתור קורבן: דגן מובחר במקום דם חיות. אלא שמידה זו ניתנה לאלה שלא היה ברשותם להקריב חיה, אך לא היה זה זבח דם שיירצה את אלוהים. ישוע גאלנו מחטאותינו בכך שניתלה ודימם למוות על אותו עץ. מה מופלאה אהבת ישוע- אשר ריפא את כל סוגי המחלות, התיר את כבלי הרשע והביא ישועה דרך מותו על העץ בעבור אותם האנשים שצלבוהו, למרות שהיה חף מכל פשע.

בהתבסס על חוקי גאולת הארץ: אנו מסיקים שרק ישוע המשיח ממלא אחר דרישות מאפייני המושיע היכול לגאול את האנושות מחטאותיהם.

הדרך לישועת האנושות הוכשרה לפני תחילת הזמן

הדרך לְישועת האנושות נפתחה כשישוע מת על העץ וקם לתחייה ביום השלישי לאחר שניפץ את סמכות המוות. ביאת ישוע אל העולם הזה כמשיח הייתה:להגשמת תכנית ישועת האנושות באותו רגע בו אדם חטא.

בְּבראשית פרק ג׳15:אמר אלוהים לנחש שפיתה את האישה: «וְאֵיבָה אָשִׁית בֵּינְךָ וּבֵין הָאִשָּׁה וּבֵין זַרְעֲךָ וּבֵין זַרְעָהּ הוּא יְשׁוּפְךָ רֹאשׁ וְאַתָּה תְּשׁוּפֶנּוּ עָקֵב.» כאן: «האישה» מסמלת במובן הרוחני את עמו הנבחר של אלוהים- ישראל ואילו «הנחש» מסמל את האויב – אשר יקרא תיגר ויתנגד לאלוהים.

באותה עת:מִקֶּרֶב צאצאי «האישה» – בני ישראל – יצא מושיע האנושות והוא «ישופך (את הנחש) ראש.» כשם שנחש הופך לחסר כוח כשראשו נפגע-כך כאשר אלוהים אמר לנחש שזרע האישה «ישופך ראש»- הוא התייחס לחורבן סמכותו של השטן על ידי המשיח בנוסף לְישועת כל החוטאים הכפופים לסמכותו.

ביודעו זאת:חיפש האויב להרוג את «זרע האישה» לפני שזה יתגשם. כך הוא האמין שיוכל ליהנות לנצח מן הסמכות שמסר לידיו אדם אשר המרה את פי אלוהים. השטן שלא ידע מי יהיה זרע האישה- החל לזמום להרוג את נביאיו הנאמנים ואהובים של אלוהים עוד מימי התנ״ך.

כשנולד משה, הסית השטן את פרעה מלך מצריים להמית כל בן זכר אשר נולד לנשות ישראל (שמות פרק א׳15-22) וכאשר ישוע בא אל העולם הזה בבשר- אותו השטן הסית את המלך הורדוס להורגו.

מסיבה זו: סיפק אלוהים עבור משפחת ישוע נתיב בריחה למצרים ולאחר שגדל תחת השגחת אלוהים עצמו החל ישוע את שירותו בגיל 30. בהתאם לְרצון אלוהים-התהלך ישוע ברחבי הגליל, לימד בבתי הכנסת, ריפא כל סוגי המחלות בין האנשים, הקים מתים לתחייה והטיף את בשורת מלכות השמיים לעניים [לעֲנווים].

בַּהֲסיתו כעת את: הכוהנים, החכמים והפרושים-החל האויב לרקום מזימות בכדי להרוג את ישוע. אלא שלפני הזמן שייעד אלוהים- ניבצר מן הרשעים לגעת בִּישוע. רק בשלהי שירותו בן 3 השנים של ישוע התיר אלוהים בריבונותו שצליבת ישוע תתרחש.

בהיכנעו ללחץ היהודים גזר-פונטיוס פילאטוס המושל הרומי- על ישוע מוות בִּצליבה שבמהלכה הוא מת עם עטרת קוצים לראשו ומסמרים תקועים בידיו וּברגליו.

מוות בִּצליבה היה אחת השיטות האכזריות ביותר להוצאה להורג של פושע. התוכלו לדמיין כמה שמח השטן במות ישוע –החף מכל חטא? מאמין שלא נותר ולו אחד שיהווה מכשול לשלטונו בעולם- שר השטן שר שירי שמחה לאֵיד- אלא שכאן תימצא חוכמתו האינסופית של אלוהים:

«אֲנַחְנוּ דּוֹבְרִים אֶת חָכְמַת אֱלוֹהִים הַנִּסְתֶּרֶת, הַחָכְמָה שֶׁהָיְתָה גְּנוּזָה וַאֲשֶׁר לִפְנֵי הָעוֹלָמִים יְעָדָהּ אֱלוֹהִים לְתִפְאַרְתֵּנוּ וְאִישׁ מִשַּׁלִּיטֵי הָעוֹלָם הַזֶּה לֹא יְדָעָהּ, שֶׁכֵּן אִלּוּ יְדָעוּהָ לֹא הָיוּ צוֹלְבִים אֶת אֲדוֹן הַכָּבוֹד» (האיגרת הראשונה אל הקורינתיים פרק ב:7-8).

מאחר ואלוהים הינו צדיק – הוא אינו מפעיל סמכות מוחלטת עד לְנקודת הפרת חוק – אלא שהוא עושה הכול בהתאם לחוקי העולם הרוחני. כך- סלל אלוהים : דרך לִישועת האנושות לפני ימי עולם בהתאם לחוקי העולם הרוחני.

בהתאם לחוקי העולם הרוחני: שכר החטא הינו מוות (האיגרת אל הרומיים פרק ו׳23). אם אדם לא חוטא הוא לא ימות. למרות זאת: צלב השטן את ישוע - הֶחף מכל חטא, ללא רבב וללא כל דופי. מכאן נובע שהשטן הפר את חוק העולם הרוחני והיה חייב לשלם את המחיר בהחְזירו את הסמכות שהעביר לו אדם לאחר שחטא באי ציות לאלוהים. במילים אחרות: היה עליו כעת להתיר את אֲחיזתו באנשים אשר יקבלו את ישוע כְּמושיעם ויאמינו בשמו כבני אלוהים.

באם היה האויב יודע את: חוכמת אלוהים הנשׂגבה- הוא לא היה צולב את ישוע. מבלי לדעת את הסוד הגדול, הוא דאג שיהרגו את ישוע, בעודו מאמין אמונה שלמה שאֲחיזתו בעולם הזה תובטח רק במות המשיח. הוא נפל בפח של עצמו- השטן הפר את חוק העולם הרוחני וכעת היה בדרכו אל האבדון. מה מופלאה היא חוכמת אלוהים!

השטן שימש ככלי להתגשמות תוכנית העל של אלוהים לִישועת האנושות וּכפי שנובא בבראשית-נחֲבל ראשו («והוא ישופך ראש...»).

בהדרכת וּבחוכמתו אלוהים-מת ישוע החף מכל חטא-על מנת לגאול את האנושות מחטאותיהם ,קם לתחייה ביום השלישי וּבכך: ניפץ את סמכות המוות והשטן והפך: למלך המלכים ואדון האדונים.

דלת הישועה נפתחה ואנו הוצדקנו דרך אמונתנו בְּישוע המשיח. לפיכך: אנשים רבים לאורך היסטוריה כולה נושעו דרך ישוע המשיח ורבים נוספים פוגשים את הָאֲדוֹן כיום וּמקדישים לו את חייהם.

הימלאות ברוח הקודש דרך אמונתנו בְּישוע המשיח

מדוע אנו נושעים כאשר אנו מאמינים בְּישוע המשיח? עם קבלת ישוע המשיח כמושיענו-מקבלים אנו את רוח הקודש מאלוהים. כאשר אנו מקבלים את רוח הקודש- רוחנו אשר מתה- קמה לְתְחייה. מאחר ורוח הקודש הינה: כוחו וליבו של אלוהים עצמו- הוא מדריך את ילדיו אל האמת ועוזר להם לחיות על פי רצון

אלוהים.

לכן: אנשים המאמינים באמת ובתמים שישוע המשיח הינו: מושיעם- ישאפו לחיות על פי דבר אלוהים ולפי רצון רוח הקודש- ישילו מעל עצמם כל: שנאה, מזג חם, קנאה, צרות עין, שפיטה ,גינוי אחרים וניאוף ויתהלכו בטוב ,אמת הבנה, שירות וַאֲהֲבָה.

כשם שהוזכר דְלעיל:עקב חטאו של אדם וחוסר ציותו שהתבטא באכילתו מעץ הדעת טוב ורע- רוח האדם מתה והוא היה בדרכו אל האבדון המוחלט. אך עם קבלת רוח הקודש: רוחו המתה של האדם קמה לְתְחייה וכאשר הוא מתחיל להתהלך באמונה שהיא האמת- הוא הופך בהדרגה לאיש אמת ומשתקם לְדמותו האבודה [צלמו ודמותו]של אלוהים.

כשאנו מתהלכים באמת שהיא: דבר אלוהים- אמונתנו באלוהים תוכר כ-«אמונת אמת» ודרך דם ישוע המטהר אותנו מחטאותינו-אנו נושעים. מסיבה זו: האיגרת הראשונה ליוחנן פרק א› 7 אומרת לנו: «אֲבָל אִם נִתְהַלֵּךְ בָּאוֹר, כְּמוֹ שֶׁהוּא [אלוהים] בָּאוֹר, כִּי אָז הִתְחַבַּרְנוּ זֶה עִם זֶה וְדַם יֵשׁוּעַ הַמָּשִׁיחַ בְּנוֹ מְטַהֵר אוֹתָנוּ מִכָּל חֵטְא.»

כך מגיעים אנו באמונה אל הישועה,-לאחר שקיבלנו את סליחת חטאותינו. אך אם אנו מתהלכים בחטא למרות הצהרת אמונתנו באלוהים-הרי שהצהרתנו הינה: שקרית. לכן: דם אדוננו: אינו יכול לגאול אותנו מחטאותינו ולערוב לנו את ישועתנו.

כמובן שבעֲבור אנשים אשר רק כעת קיבלו את ישוע המשיח-זהו סיפור אחר. אף שאינם מתהלכים בְּמלוא האמת -יבחן אלוהים את ליבם, יאמין כי הם ישתנו ויוביל אותם לְישועה כאשר הם שואפים לצעוד אל האמת.

ישוע המשיח מגשים נבואות

דבר אלוהים על המשיח אשר נובא על ידי הנביאים- התגשם בִּישוע. כל ההיבטים בחיי ישוע המשיח- מושיע האנושות- החל מלידתו ושירותו וכלה בְּצליבתו, מותו ותחייתו- היוו חלק מרכזי בתוכנית העל של אלוהים.

ישוע נולד לבתולה בבית לחם-אפרתה

אלוהים ניבא את לידת ישוע המשיח דרך הנביא ישעיהו. כאשר עשה אלוהים את בחירתו- גְבורת אל עליון ירדה על אישה טהורה בשם מריים מנצרת שבגליל והיא התעברה.

«לָכֵן יִתֵּן אֲדֹנָי הוּא לָכֶם אוֹת הִנֵּה הָעַלְמָה הָרָה וְיֹלֶדֶת בֵּן וְקָרָאת שְׁמוֹ עִמָּנוּ אֵל» (ישעיהו פרק ז׳14).

בדיוק כשם שהבטיח אלוהים לעם ישראל: «לא יהא סוף לשושלת המלכים בבית דוד», הוא הביא ללידת המשיח מאישה בשם מריים אשר הייתה מאורסת ליוסף- מבית דוד. מאחר וצאצא של אדם הנולד עם חטא מולד- אינו יכול לגאול את האנושות מחטאותיהם,-הגשים אלוהים את הנבואה דרך מריים- עלמה בתולה- אשר ילדה את ישוע לפני נישׂואיה ליוסף.

«וְאַתָּה בֵּית-לֶחֶם אֶפְרָתָה צָעִיר לִהְיוֹת בְּאַלְפֵי יְהוּדָה מִמְּךָ לִי יֵצֵא לִהְיוֹת מוֹשֵׁל בְּיִשְׂרָאֵל וּמוֹצָאֹתָיו מִקֶּדֶם מִימֵי עוֹלָם» (מיכה פרק ה› 1).

התנ»ך ניבא: שישוע ייוולד בבית לחם-אפרתה ואכן- ישוע נולד בבית לחם-

אפרתה שבִּיהודה- במהלך כהונת המלך הורדוס (בשורת מתתיהו פרק ב׳1) וההיסטוריה מאשרת אירועים אלו.

בעת ההיא:עקב חשש מאיום על כס מלכותו-ניסה המלך הורדוס להרוג את ישוע כאשר שמע שמלך נולד בִּיהודה. אך מאחר ולא הצליח למצוא את הרך הנולד-הורה המלך הורדוס להרוג כל בן זכר בבית לחם וסביבתה-החל מגיל שנתיים וָמָטָה- אבל וקינה גדולה ירדו על האזור כולו.

אם ישוע לא היה מגיע אל העולם הזה כמלך היהודים האמיתי: מדוע אם כן נאלץ המלך להקריב ילדים כה רבים- על מנת למצוא תינוק אחד? הזוועות הללו בוצעו על ידי לא אחר מן השטן עצמו- אשר תמיד היה מוכן ומזומן להרוג את המשיח. הוא הסית את לב המלך הורדוס שחשש לאבד את כתרו.

ישוע מעיד על אלוהים חיים ונבגד בעֲבור שלושים שקלי כסף

לפני תחילת שירותו:שמר ישוע את המצוות בִּמלואן במשך 30 שנה- וכאשר הגיע לגיל בו היה יכול להפוך לכהן- הוא החל למלא את שליחותו, כפי שתוכנן מימי עולם:

«רוּחַ אֲדֹנָי יְהוִה עָלָי יַעַן מָשַׁח יְהוָה אֹתִי לְבַשֵּׂר עֲנָוִים שְׁלָחַנִי לַחֲבֹשׁ לְנִשְׁבְּרֵי-לֵב לִקְרֹא לִשְׁבוּיִם דְּרוֹר וְלַאֲסוּרִים פְּקַח-קוֹחַ: לִקְרֹא שְׁנַת-רָצוֹן לַיהוָה וְיוֹם נָקָם לֵאלֹהֵינוּ לְנַחֵם כָּל-אֲבֵלִים: לָשׂוּם לַאֲבֵלֵי צִיּוֹן לָתֵת לָהֶם פְּאֵר תַּחַת אֵפֶר שֶׁמֶן שָׂשׂוֹן תַּחַת אֵבֶל מַעֲטֵה תְהִלָּה תַּחַת רוּחַ כֵּהָה וְקֹרָא לָהֶם אֵילֵי הַצֶּדֶק מַטַּע יְהוָה לְהִתְפָּאֵר» (ישעיהו פרק ס״א 1-3).

כפי שמוצאים אנו בנבואה דְלעיל: ישוע המשיח- אשר בא לעולם הזה כבן אלוהים- פתר את כל בעיות החיים בכוח אלוהים וניחם את נשברי הלב. כאשר הגיע הזמן שקבע אלוהים-עלה ישוע לִירושלים בכדי לעבור את ייסורי העץ[הצלב]:

«גִּילִי מְאֹד בַּת-צִיּוֹן הָרִיעִי בַּת יְרוּשָׁלִַם הִנֵּה מַלְכֵּךְ יָבוֹא לָךְ צַדִּיק וְנוֹשָׁע הוּא

עָנִי וְרֹכֵב עַל-חֲמוֹר וְעַל-עַיִר בֶּן-אֲתֹנוֹת» (זכריה פרק ט׳9).

לפי נבואת זכריה:נכנס ישוע ירושליימה רכוב על חמור. התרגשות רבה אֲחָזָה ברחבי העיר כולה-כשההמון צהל: «הוֹשַׁע-נָא לְבֶן-דָּוִד! בָּרוּךְ הַבָּא בְּשֵׁם יהוה! הוֹשַׁע-נָא בַּמְּרוֹמִים!» (בשורת מתתיהו פרק כ״א 9) כשהפגין ישוע נסים ונפלאות: כהתהלכותו על המים והקמת מתים לְתחייה-שמח העם. אולם בקרוב אותו המון יבגוד בו ויהרגהו.

כשראו את ההמון ההולך בעקבות ישוע בכדי לשמוע את דבריו הסמכותיים ולראות את הפגנת כוח אלוהים- כוהנים, פרושים וַחֲכָמִים חשו איום על מעמדם החברתי ובשנאה עזה החלו לרקום מזימות להורגו. הם ניסו להפטר מִישוע על ידי יצירת כל מיני הוכחות שווא כנגדו והאשמתו בהתעיה והולכת העם שולל- כשחולל ישוע נסים מופלאים בכוח אלוהים שבלְעָדיו היה נבצר ממנו לחוללם.

בסופו של דבר מצאו הכוהנים אחד מתלמידי ישוע –שהסכים לבגוד בו – ושילמו לו שלושים שקלים בכדי שיוכלו לעצור את ישוע. זכריה ניבא נבואה שהתגשמה על שכר של שלושים שקלי הכסף באומרו: «וָאֹמַר אֲלֵיהֶם אִם-טוֹב בְּעֵינֵיכֶם הָבוּ שְׂכָרִי וְאִם-לֹא חֲדָלוּ וַיִּשְׁקְלוּ אֶת-שְׂכָרִי שְׁלֹשִׁים כָּסֶף וַיֹּאמֶר יְהוָה אֵלַי הַשְׁלִיכֵהוּ אֶל-הַיּוֹצֵר אֶדֶר הַיְקָר אֲשֶׁר יָקַרְתִּי מֵעֲלֵיהֶם וָאֶקְחָה שְׁלֹשִׁים הַכֶּסֶף וָאַשְׁלִיךְ אֹתוֹ בֵּית יְהוָה אֶל-הַיּוֹצֵר» (זכריה פרק י״א 12-13).

כשנבצר מן האיש- אשר בגד בִּישוע עבור שלושים שקלים - להתגבר על תחושת האשמה הוא השליך את שלושים השקלים לתוך קופת בית המקדש. בראותם זאת לקחו הכוהנים את הכסף על מנת לרכוש «בית היוצר» (בשורת מתתיהו פרק כ״ט 3-10).

ייסורי ומות ישוע

כפי שניבא ישעיהו:סבל ישוע את ייסורי התלייה על מנת להושיע את כל העולם. מאחר וישוע בא אל העולם כמושיע אשר יגאל את עם אלוהים מחטאותיהם- הוא הוקרב לאלוהים כקורבן אָשָׁם בכך שהומת על צלב העץ-סמל הקללה:

נָגוּעַ מֻכֵּה אֱלֹהִים וּמְעֻנֶּה: וְהוּא מְחֹלָל מִפְּשָׁעֵנוּ מְדֻכָּא מֵעֲוֺנֹתֵינוּ אָכֵן חֳלָיֵנוּ הוּא נָשָׂא וּמַכְאֹבֵינוּ סְבָלָם וַאֲנַחְנוּ חֲשַׁבְנֻהוּ מוּסַר שְׁלוֹמֵנוּ עָלָיו וּבַחֲבֻרָתוֹ נִרְפָּא-לָנוּ: כֻּלָּנוּ כַּצֹּאן תָּעִינוּ אִישׁ לְדַרְכּוֹ פָּנִינוּ וַיהוָה הִפְגִּיעַ בּוֹ אֵת עֲוֺן כֻּלָּנוּ: נִגַּשׂ וְהוּא נַעֲנֶה וְלֹא יִפְתַּח-פִּיו כַּשֶּׂה לַטֶּבַח יוּבָל וּכְרָחֵל לִפְנֵי גֹזְזֶיהָ נֶאֱלָמָה וְלֹא יִפְתַּח פִּיו: מֵעֹצֶר וּמִמִּשְׁפָּט לֻקָּח וְאֶת-דּוֹרוֹ מִי יְשׂוֹחֵחַ כִּי נִגְזַר מֵאֶרֶץ חַיִּים מִפֶּשַׁע עַמִּי נֶגַע לָמוֹ: וַיִּתֵּן אֶת-רְשָׁעִים קִבְרוֹ וְאֶת-עָשִׁיר בְּמֹתָיו עַל לֹא-חָמָס עָשָׂה וְלֹא מִרְמָה בְּפִיו: וַיהוָה חָפֵץ דַּכְּאוֹ הֶחֱלִי אִם-תָּשִׂים אָשָׁם נַפְשׁוֹ יִרְאֶה זֶרַע יַאֲרִיךְ יָמִים וְחֵפֶץ יְהוָה בְּיָדוֹ יִצְלָח» (ישעיהו פרק נ״ג: 1-4).

בתקופת התנ״ך: דם חיות הועלה כזבח לאלוהים בכל פעם שאדם חטא כנגדו. כאשר ישוע- אשר היה חף מכל חטא קדמון או חטא שהוא עצמו ביצע, שפך את דמו הטהור: «עבור כל חטאי העולם של כל הזמנים»- הוא סלל דרך בעֲבורנו לסליחת חטאים מושלמת ולחיי עולם [חיי נצח] (האיגרת אל העברים פרק י׳11-12). לכן,: עקב אמונתנו בִּישוע המשיח- נסלחו חטאותינו ואין לנו צורך נוסף להקריב חייה.

בְּנפוח ישוע את נשמתו האחֲרונה על העץ-נקרעה לִשניים פרוכת קודש הקודשים מלמעלה למטה (בשורת מתתיהו פרק כ״ז 51). הפרוכת בבית המקדש הייתה מעין: וילון קטיפה גדול ועבה אשר הפריד בין המקום הקודש שבבית המקדש לקודש הקודשים-הדביר . כך שנבצר מאנשים רגילים להיכנס לקודש הקודשים .למעט הכהן הגדול פעם אחת בשנה-ביום הכיפורים.

העובדה שהפרוכת נקרעה «מלמעלה למטה» מסמלת את: קורבן הכפרה של ישוע עֲבורנו-קורבן שהרס את חומת ההפרדה של החטא בינינו לבין אלוהים. בעבר:היה על הכוהנים הגדולים להקריב קורבנות כפרה לאלוהים עבור גאולת העם מחטאותיהם. כעת משחומת החטא שעמדה בדרכנו נהרסה- ביכולתנו לתקשר עם אלוהים בעצמנו. במילים אחרות: כל המאמין בִּישוע המשיח- יכול להיכנס מבית לפרוכת אל קודש קודשי אלוהים-הדביר ולהתפלל ולעבוד את אלוהים שם.

«לָכֵן אֲחַלֶּק-לוֹ בָרַבִּים וְאֶת-עֲצוּמִים יְחַלֵּק שָׁלָל תַּחַת אֲשֶׁר הֶעֱרָה לַמָּוֶת נַפְשׁוֹ

וְאֶת-פֹּשְׁעִים נִמְנָה וְהוּא חֵטְא-רַבִּים נָשָׂא וְלַפֹּשְׁעִים יַפְגִּיעַ» (ישעיהו פרק נ״ג 12).

בדיוק כשם שניבא ישעיהו על: ייסורי ומות המשיח-כך מת ישוע עבור חטאי האנושות כולה- אך הוכלל בין החוטאים. אף בעת גסיסתו על העץ, הוא ביקש מאלוהים את סליחת החטאים בעבור האנשים שמִסמרו אותו אל העץ:

«אָבִי, סְלַח לָהֶם, כִּי אֵינָם יוֹדְעִים מַה שֶּׁהֵם עוֹשִׂים» (לוקס פרק כ״ג 34).

כשמת על העץ התגשמה נבואת מחבר המזמור: «שֹׁמֵר כָּל-עַצְמוֹתָיו אַחַת מֵהֵנָּה לֹא נִשְׁבָּרָה» (תהילים מזמור ל״ד 21). אנו מוצאים התגשמות זו בְּבשורת יוחנן פרק י״ט 32-33: «לְפִיכָךְ בָּאוּ הַחַיָּלִים וְשָׁבְרוּ אֶת הַשּׁוֹקַיִם שֶׁל הָרִאשׁוֹן וְגַם שֶׁל הַשֵּׁנִי שֶׁנִּצְלַב אִתּוֹ כְּשֶׁבָּאוּ אֶל יֵשׁוּעַ וְרָאוּ שֶׁהוּא כְּבָר מֵת, לֹא שָׁבְרוּ אֶת שׁוֹקָיו.»

ישוע משלים את שליחותו כמשיח, קם לתחייה ועולה השמיימה

למרות שנשא ישוע על עצמו את כל חטאי האנושות כקרבן כפרה- תוכנית הישועה שרצה אלוהים להוציא לפועל לא הסתיימה במותו.
כפי שנובא: «כִּי לֹא-תַעֲזֹב נַפְשִׁי לִשְׁאוֹל לֹא-תִתֵּן חֲסִידְךָ לִרְאוֹת שָׁחַת» (תהילים מזמור ט״ז 10). ועוד: «לֹא-אָמוּת כִּי-אֶחְיֶה וַאֲסַפֵּר מַעֲשֵׂי יָהּ» (תהילים מזמור קי״ח 17). לאחר שישוע מת על העץ-לא הושחת גופו ולא נרקב והוא קם מן המתים ביום השלישי.
כמו כן: «עָלִיתָ לַמָּרוֹם שָׁבִיתָ שֶּׁבִי לָקַחְתָּ מַתָּנוֹת בָּאָדָם וְאַף סוֹרְרִים לִשְׁכֹּן יָהּ אֱלֹהִים» (תהילים מזמור ס״ח 18), ישוע עלה השמיימה וממתין לאַחֲרית הימים בה ישלים את טיפוח האנושות ויוביל את עמו לשמיים. ניתן לראות בקלות איך דבר אלוהים אשר ניבאו הנביאים- התגשם במלואו בְּישוע המשיח.

מות ישוע ונבואות על ישראל

ישראל- עמו הנבחר של אלוהים- נכשל בזיהוי המשיח- אשר לביאתו המתינו מזה זמן רב. עדיין :לא נטש אלוהים את העם שבחר ושוקד אף היום על ישועת ישראל.

אף דרך מות ישוע- ניבא אלוהים את עתיד עם ישראל- וזאת עקב אהבתו הֶעָזָה הגורמת לו להשתוקק לראות את עם ישראל מאמין במשיח ששלח אלוהים ומקבל את הישועה הנכספת.

אף שההֲחלטה הסופית להוציא את ישוע להורג בצליבה הייתה של המושל הרומי: פונטיוס פילאטוס – היו אלה מבין היהודים [משמע: מנהיגי הדת] אשר שכנעו את פילאטוס לקבל החֲלטה זו. פילאטוס היה ער לעובדה שאין כל בסיס להחֲלטה להרוג את ישוע – אך הֶהָמוֹן לחץ עליו כשדרש בּפראות את צליבתו.

על מנת לחזק את החֲלטתו שלא לצלוב את ישוע-נטל פילאטוס את ידיו למול הֶהָמון המשולהב באומרו:«נקי אנוכי מדמו של זה.זה עניינכם!» בּתגובה צעקו העם:«דמו עלינו ועל בנינו.»

ישוע נלקח ממקום אחד למשנהו, הושפל ונתבזה.לאחר מכן נמסר לידי החיילים הרומיים ללא משפט.הם הפשיטוהו, הניחו עטרת קוצים לראשו,ירקו בפניו הִכּוּהוּ בראשו במקלות.לאחר שלעגו לו לקחוהו למקום ההרֵיגה בגולגותא לצלבו.

גזר דין צליבה היה הדרך האכזרית ביותר לענישה וזכו לה מבצעי הפשעים החֲמוּרים כצח נָמרי.

כשהנידונים מוסמרו בידיהם ורגליהם הכאב היה קשה מנשׂוא ולא נגמר בזמן קצר. היה עליהם להִיתלות על העץ [צלב] עד שאיבדו את טיפת דמם האחֲרונה ונפחו את נִשמתם. נאמר שהיו כמה ששׂרדו מספר ימים לאחר צליבתם בה

שמוסמרו וסבלו כאבי תופת במשך זמן רב. במשך הצליבה התעָצמו הכאבים מפאת משקל הגוף שלחץ מטה על כפות הרגליים הממוסמרות. הדם המשיך להישאב מן הגוף ביקוד השמש כשהם סובלים צמא עז.

העץ [הצלב] נחֶשב סמל של פחד, בושה, השפלה וייסורים. ישוע הופשט מכותנתו ומגלימתו בכדי שיסבול מקלון והשפלה.

כותונת ישוע וגלימתו וַעֲתיד ישראל

בשנת 70 לספירה: נפלה ירושלים לידי הגנרל הרומי- טיטוס. בית המקדש נחֱרב והשׂורדים אולצו לעזוב את ארצם ולהתפזר. זו הייתה תחילתה של גלות שנמשכה קרוב ל-2000 שנה ושיעור הייסורים שחווה עם ישראל היה בלתי ניתן לתיאור.

כשנפלה ירושלים – קרוב ל-1.1 מיליון יהודים נטבחו. במהלך מלחמת העולם השנייה- שישה מיליון יהודים נרצחו בידי הנאצים. כשטבחו הנאצים ביהודים- הם אילצום להתפשט וזה מזכיר את הרגע בו נצלב ישוע עירום.

כמובן שמנקודת מבטה של ישראל ניתן להתווכח שסבלם לא היה כתוצאה מצליבת ישוע. אולם במבט לאחור על היסטורית ישראל- ניתן לזהות מיידית תקופות בָּן היה העם מוגן ושגשג תחת ידי אלוהים זאת כשחיו לפי רצונו. כאשר הרחיקו את עצמם מרצונו- עם ישראל נענש והיה נתון למבחנים וסבל ממושכים.

אם כך אנו מבינים ויודעים שלסבלה של ישראל הייתה סיבה. אם צליבת ישוע הייתה נאותה בעיניי אלוהים, מדוע אם כן התיר אלוהים לישראל לעבור סבל קשה וממושך?

תקרית נוספת אשר היוותה אות לעתיד לבוא על ישראל התרחשה באתר צליבת ישוע. כפי שאנו קוראים בּתהילים מזמור כ"ב 18: «יְחַלְּקוּ בְגָדַי לָהֶם וְעַל-לְבוּשִׁי יַפִּילוּ גוֹרָל» החיילים הרומים לקחו את בגדיו העליונים של ישוע וחילקום לארבעה חלקים, חלק אחד עבור כל חייל, בעוד שעל כותונתו הם הטילו גורל וְאֶחָד החיילים זכה לקחתה.

כיצד אירוע זה קשור לעתיד ישראל? כְּמלך היהודים- בגדיו העליונים של ישוע מסמלים את נבחרי אלוהים, עם ישראל וּמדינת ישראל. כשבגדיו העליונים של ישוע חולקו לארבעה חלקים -צורת הבגד נעלמה, זה היווה אות להרס ארץ ישראל. אולם מאחר ובד הבגד נותר האירוע גם בישר שלמרות שישראל כארץ לא תיחרב הרי ששם «ישראל» ימשיך להתקיים.

מהי משמעות העובדה שהחיילים הרומים לקחו את בגדיו העליונים של ישוע וחילקום לארבעה חלקים, כאשר כל חלק נשאר בידי כל חייל? זה מסמל את עם ישראל אשר יחווה חורבן בידי רומא ויוגלה. הנבואה הזאת התגשמה אף היא בְּנפילת ישראל וחורבן הארץ-דבר שאילץ את ישראל להתפזר ברחבי העולם.

בְּבשורת יוחנן פרק י"ט: 23 כתוב על כותונת ישוע: «הַכֻּתֹּנֶת...שֶׁהִיא הָיְתָה לְלֹא תֶּפֶר, אֲרִיגָה רְצוּפָה מִלְמַעְלָה לְמַטָּה». העובדה שכותנתו הייתה ללא תפר-מוסברת כך שלא היו מספר שכבות של בד אשר נתפרו יַחְדיו על מנת ליצור בגד שלם זה.

מרבית האנשים אינם מקדישים מַחֲשבה רבה לצורת התפירה של בגדיהם. מדוע אם כן מדגישים הכתובים מדברים בפרטי פרטים את צורת כותנת ישוע? זה מנבא על המאורעות הָעֲתידים לבוא על עם ישראל.

כותונת ישוע מסמלת את לב עם ישראל-איתו הם עובדים את אלוהים. העובדה שהכותונת הייתה: «ללא תפר, אריגה רצופה» מסמלת את האמונה השלמה של עם ישראל, אשר החזיקו מעמד מימי יעקב אביהם- וכיצד לא מהסס לב עם ישראל כלפי אלוהים בכל הנסיבות.

לאחר שחולקו לשניים עשר שבטים לאחר זמנם של אברהם, יצחק ויעקב, עם ישראל החזיק בטוהרו כעם בכך שלא נישאו לגויים. לאחר חלוקת הממלכה לממלכה צפונית – ישראל, וממלכה דרומית – יהודה-החלו בממלכה הצפונית להינשא נישואי תערובת, אך יהודה נותרה אומה אֲחידה והומוגנית. אפילו כיום שומרים היהודים על זהותם אשר כבְּתקופת אבות האמונה. לב עם ישראל כלפי אלוהים ואמונתם בו לא יכובו.

מאחר והם אומה בעָלת לב איתן-בחר בָּם אלוהים וככתוב בתנ"ך: דרכם הוא משיג את מטרות מלכותו וצדקתו עד היום הזה. אף בַּחֲלוֹף אלפיים שנה-רואים אנו את עם ישראל דָּבֵק בקפדנות לתורתו וזאת מאחר וירשו את ליבו האיתן של יעקב.

כתוצאה: כ-אלפיים שנה לאחר שאיבדו את ארצם-הדהים עם ישראל את העולם כשהכריז על עצמאותו, שיקומו והקמת מדינת ישראל ב-14 למאי 1948 [ה׳ באייר תש"ח]:

«וְלָקַחְתִּי אֶתְכֶם מִן-הַגּוֹיִם וְקִבַּצְתִּי אֶתְכֶם מִכָּל-הָאֲרָצוֹת וְהֵבֵאתִי אֶתְכֶם אֶל-אַדְמַתְכֶם» (יחזקאל פרק ל"ו 24).

«וִישַׁבְתֶּם בָּאָרֶץ אֲשֶׁר נָתַתִּי לַאֲבֹתֵיכֶם וִהְיִיתֶם לִי לְעָם וְאָנֹכִי אֶהְיֶה לָכֶם לֵאלֹהִים» (יחזקאל פרק ל"ו 28).

כפי שנובא זה מכבר בתנ"ך: «מִיָּמִים רַבִּים תִּפָּקֵד בְּאַחֲרִית הַשָּׁנִים תָּבוֹא אֶל-אֶרֶץ»-החל עם ישראל לנהור בחֲזרה לארצו וּבִיסס שוב את מדינתו (יחזקאל פרק ל"ח 8). יתרה מזאת:ישראל התפתחה לכדי אחת המדינות החֲזקות בעולם וּבכך הראתה לעולם את תכונותיו הנעלות של העם.

אלוהים רוצה שישראל תתכונן לביאת הָאָדוֹן

ברצון אלוהים שעם ישראל- שזה לא מכבר השתקם-ייצפה בכיליון עיניים למשיח ושיתכונן לשיבתו. בדיוק כשם שישוע המושיע בא אל ארץ ישראל לפני 2,000 שנה והבטיח לשוב- כך רוצה אלוהים שעמו הנבחר ייצפה לשיבת הָאָדוֹן ויחֲזיק באמונה שלמה בעת ציפייתם.

כאשר ישוע המשיח- אשר קם לתחייה- ישוב- הוא לא יגיע אל תוך אורווה עלובה או יסבול את עונש ההוקעה על העץ כשם שעשה לפני כאלפיים שנה. כמלך המלכים וַאֲדוֹן האדונים- ינהיג ישוע יפקד את צבא השמיים והמלאכים וישוב לעולם הזה בִּכבוד-אלוהים בכדי שכולם יראו:

57
המשיח שנשלח על ידי אלוהים

«הִנֵּה הוּא בָּא עִם הָעֲנָנִים. כָּל עַיִן תִּרְאֶה אוֹתוֹ, גַּם אֵלֶּה שֶׁדְּקָרוּהוּ, וְיִסְפְּדוּ עָלָיו כָּל מִשְׁפְּחוֹת הָאָרֶץ» (חזון יוחנן פרק א׳: 7).

כאשר תבוא השעה: כל האנשים – מאמינים ולא מאמינים – יֶחֱזוּ בשיבת האדון בעֲננים. ביום ההוא: כל המאמין שישוע הינו מושיע האנושות- יילקח השמיימה וישתתף בִּסעודת הֲחֲתונה בשמיים- ואילו האחרים יישארו בכדי להתאבל.

כשם שברא אלוהים את אדם הראשון והחל בתוכנית טיפוח האנושות-כך יגיע לזה סוף. בדיוק כשם שהאיכר זורע את זרעיו וקוצר את קצירו-כך יבוא יום הקציר כמו כן לטיפוח האנושות. טיפוח האנושות על ידי אלוהים יושלם עם שיבת האדון וכפי שאומר לנו ישוע בחזון יוחנן פרק כ״ב 7: «הִנְנִי בָּא מַהֵר. אַשְׁרֵי הַשּׁוֹמֵר אֶת דִּבְרֵי הַנְּבוּאָה שֶׁל הַסֵּפֶר הַזֶּה»-האירועים הללו יתרחשו בהקדם וזמננו הינו:אחרית הימים. באהבתו האינסופית לישראל-ממשיך אלוהים לפקוח את עיניי עמו דרך ההיסטוריה שלהם בכדי שיקבלו את המשיח. אלוהים לא רק משתוקק שעמו הנבחר-ישראל-יקבל את ישועת המשיח-אלא שכל האנושות תקבלה- לפני סוף תקופת טיפוח האנושות.

הכתובים הידועים למאמינים בתור התנ״ך

פרק ג

האלוהים בו מאמינה ישראל

התורה והמסורת

בעת שהוביל אלוהים את עמו הנבחר ישראל ממצרים אל ארץ המובטחת- כנען- הוא ירד אל פסגת הר הסיני. קרא יהוה למשה, מנהיג יציאת המצרים וציווה עליו לדאוג להתקדשותם של הכוהנים כדי שיתקרבו אל אלוהים. בנוסף- נתן אלוהים נתן לעמו את עשרת הדברות וחוקים רבים נוספים דרך משה.

כשמשה סיפר לעם באופן רשמי כל דבר שאמר יהוה אלוהים וכל חוקותיו המוזכרים בשמות פרק כ״ד 3 ענה העם בקול אחד: «כָּל-הַדְּבָרִים אֲשֶׁר-דִּבֶּר יְהוָה נַעֲשֶׂה!» אך בעת שמשה היה על ההר בעקבות קריאת אלוהים-אילץ העם את אהרון ליצור להם עגל זהב וביצע את החטא הנורא של עבודת אלילים.

כיצד יכולים הם להיחָשב עמו הנבחר של אלוהים לאחר שחטאו חטא כה נורא? כל בני האדם מאז אדם הראשון אשר חטאו בחוסר ציותם- הינם צאצאי אדם וכולם נולדו עם טבע חוטא. הם נאלצים לחטוא לפני שהם מתקדשים במילת הלב. אלוהים לקח זאת בחשבון ושלח את בנו יחידו- ישוע- אשר בִּצליבתו על העץ פתח את השער דרכו כל האנושות יכולה לקבל סליחת חטאים.

מדוע לכן נתן אלוהים את התורה לעמו? עשרת הדברות שנתן אלוהים דרך משה, המצוות והחוקים אשר ידועים בתור תורה.

דרך התורה: מובילם אלוהים אל ארץ זבת חלב ודבש

הסיבה והמטרה לשמה: נתן אלוהים לְבני ישראל את התורה כשיצאו ממצרים- הייתה בכדי שייהנו מן הברכה אשר באמצעותה יוכלו להיכנס לארץ כנען- ארץ

זבת חלב ודבש. העם קיבל את התורה מידי משה, אך לא שמר בריתו עם אלוהים וביצע חטאים רבים כגון: עבודת אלילים וניאוף. לבסוף רובם מתו בחטאיהם במהלך 40 שנות חייהם במדבר.

ספר דברים נכתב בהתאם לדבריו האחרונים של משה והתעמק בְּברית ובחוקי אלוהים. לאחר מות דור המדבר- למעט יהושע וכלב- והתקרב זמן משה ללכת בדרך כל הארץ- הוא דרבן בְּלהיטות את הדור השני והשלישי לאהוב את אלוהים ולציית למצוותיו:

«וְעַתָּה יִשְׂרָאֵל מָה יְהוָה אֱלֹהֶיךָ שֹׁאֵל מֵעִמָּךְ כִּי אִם-לְיִרְאָה אֶת-יְהוָה אֱלֹהֶיךָ לָלֶכֶת וּלְאַהֲבָה אֹתוֹ וְלַעֲבֹד אֶת-יְהוָה אֱלֹהֶיךָ בְּכָל-לְבָבְךָ ובכל נפשך:לשמור את מצוות יהוה ואת חוקותיו אשר אנכי מְצַוְּךָ היום לטוב לָךְ»(דברים פרק י׳:13-12).

אלוהים נתן להם את התורה מאחר ורצה שיצייתו לו מרצונם ובכל ליבם, ויוכיחו את אהבתם אליו דרך ציותם. אלוהים לא נתן להם את התורה על מנת להגביל או לאסור אותם, אך הוא רצה לקבל מהם לבבות מצייתים ובכך לברך אותם:

«וְהָיוּ הַדְּבָרִים הָאֵלֶּה אֲשֶׁר אָנֹכִי מְצַוְּךָ הַיּוֹם עַל-לְבָבֶךָ:וְשִׁנַּנְתָּם לְבָנֶיךָ וְדִבַּרְתָּ בָּם בְּשִׁבְתְּךָ בְּבֵיתֶךָ וּבְלֶכְתְּךָ בַדֶּרֶךְ וּבְשָׁכְבְּךָ וּבְקוּמֶךָ: וּקְשַׁרְתָּם לְאוֹת על ידיך והיו לטוטפותביין עיניך:וכתבתם על מזוזות ביתך ובשעריך» (דברים פרק ו׳6-9).

דרך פסוקים אלה הורה להם אלוהים כיצד: לשאת את התורה בליבם, ללמד ולנהוג על פיה. במהלך הדורות- מצוות וחוקי אלוהים כפי שהם רשומים בחומש, עדיין נלמדים על פה ונשמרים, אך ההתמקדות על שמירת מצוות התורה באה לידי ביטוי רק כלפי חוץ.

מנהגי המסורת של זקני ישראל

לדוגמא: התורה מצווה על שמירת השבת לקדשה לכן זִקני ישראל הסדירו מנהגים מפורטים רבים אשר מפתחים את שמירת המצוות. מנהגים כגון: איסור על שימוש בְּדלתות אוטומטיות, מעליות ודרגנועים, איסור על פתיחת מכתבים עסקיים, דרכונים וַחֲבילות אחרות.כיצד נוצרו מנהגי זִקני ישראל [המסורת]?

כְּשנחֱרב בית המקדש ועם ישראל נלקח לגלות בבל- הם חשבו שזה קרה מאחר וכשלו בעבודת אלוהים בליבם- שהיה עֲליהם לעבוד את אלוהים כהלכה וליישם את התורה למצבים שאף ישתנו בחלוף הזמן. לכן הם הוציאו כללים קפדנים רבים.

החוקים הללו נקבעו במטרה שיַעבדו את אלוהים מכל הלב. במילים אחרות: הם קבעו כללים נוקשים אשר מכסים כל היבט בחיים בכדי שיוכלו לקיים את התורה בחיי היום יום שלהם.

לעיתים הכללים הנוקשים הללו מילאו תפקיד בהגנה על התורה. אך לאחר זמן מה הם הֶחטיאו את המשמעות האמיתית השזורה בתורה ושמו דגש על החשיבות הנעלה יותר לביטוי חיצוני של קיום התורה והמצוות. כך הם סטו מן המשמעות האמיתית של התורה.

אלוהים רואה וּמקבל כל אחד שמקיים בליבו את התורה, בְּמקום לשים דגש על קיום מצוות דרך מעשים טובים. לכן נתן אלוהים את התורה על מנת למצוא את אלה שיכַבדוהו באמת וּלברך את אלה שיצייתו לו. למרות שישנם רבים בתנ"ך שקיימו מצוות -היו אף שלא קיימו מצוות:

«מִי גַם-בָּכֶם וְיִסְגֹּר דְּלָתַיִם וְלֹא-תָאִירוּ מִזְבְּחִי חִנָּם אֵין-לִי חֵפֶץ בָּכֶם אָמַר יְהוָה צְבָאוֹת וּמִנְחָה לֹא-אֶרְצֶה מִיֶּדְכֶם» (מלאכי פרק א׳ 10).

חכמי התורה הכפישו את ישוע וגינו את תלמידיו לא בגלל שעברו על חוקי

התורה אלא כי הפרו את מסורת הזקנים. זה מתואר היטב בְּבשורת מתתיהו פרק ט"ו 2:

"וְשָׁאֲלוּ אוֹתוֹ: «מַדּוּעַ עוֹבְרִים תַּלְמִידֶיךָ עַל מָסֹרֶת הַזְּקֵנִים שֶׁאֵין הֵם נוֹטְלִים יָדַיִם לַסְּעוּדָה?»

באותה עת:האיר ישוע את עיניהם לעובדה שלא הופרו מצוות אלוהים-אלא מסורת הזקנים. כמובן שחשוב מאוד לקיים מצוות במעשים כלפי חוץ, אך חשוב יותר להבין את רצונו האמיתי של אלוהים אשר נעוץ בתורתו:

«והוא [ישוע]» הֵשִׁיב וְאָמַר לָהֶם:

«מַדּוּעַ גַּם אַתֶּם עוֹבְרִים עַל מִצְוַת אֱלֹהִים לְמַעַן הַמָּסֹרֶת שֶׁלָּכֶם? הֵן הָאֱלֹהִים צִוָּה, ‹כַּבֵּד אֶת-אָבִיךָ וְאֶת-אִמֶּךָ› וּ‹מְקַלֵּל אָבִיו וְאִמּוֹ מוֹת יוּמָת›, אֲבָל אַתֶּם אוֹמְרִים, ‹כָּל הָאוֹמֵר לְאָבִיו אוֹ לְאִמּוֹ,קרבן כל מה שאתה נהנה לי אין עליו לכבד את אביו וְאִמּוֹ›; וַהֲפֵרַתֶּם את דבר האלוהים לְמַעַן הַמָּסֹרֶת שֶׁלָּכֶם» (בשורת מתתיהו פרק ט"ו :3-6).

בְּבשורת מתתיהו פרק ט"ו 7-11 הוא גם אומר:

«צְבוּעִים! הֵיטֵב נִבָּא עֲלֵיכֶם יְשַׁעְיָהוּ בְּאָמְרוֹ: ‹הָעָם הַזֶּה בִּשְׂפָתָיו כִּבְּדוּנִי וְלִבּוֹ רִחַק מִמֶּנִּי. וַתְּהִי יִרְאָתָם אֹתִי מִצְוַת אֲנָשִׁים מְלֻמָּדָה.›» ישוע קָרָא לָעָם וְאָמַר לָהֶם: «שִׁמְעוּ וְהָבִינוּ! לֹא הַנִּכְנָס אֶל הַפֶּה מְטַמֵּא אֶת הָאָדָם, אֶלָּא הַיּוֹצֵא מִן הַפֶּה – זֶה מְטַמֵּא אֶת הָאָדָם.»

על בני אלוהים לכבד את הוריהם ככתוב בעשרת הדברות. אך הפרושים לימדו את האנשים שילדיהם המכבדים את הוריהם וּמשרתים אותם ברכושם- יכולים להיות פטורים מחובה זו במידה ויכריזו שרכושם משרת כמנחה לאלוהים. הם המציאו כללים רבים המכסים כל היבט בחיים בְּפרטי פרטים עד כי הגויים לא

יכלו אף לדמיין כיצד אפשר לשמור מסורת קפדנית כזו וחשבו כי אלה דוגמאות המוצגות עבור נבחרי אלוהים בכדי שינהגו על פיהם.

האלוהים בו מאמינה ישראל

כשריפא ישוע את החולים בשבת-גינוהו הפרושים על חילול השבת. יום אחד נכנס ישוע לבית כנסת וראה אדם עומד בפני הפרושים שידו מנוונת/משותקת. ישוע רצה להעירם ושאלם:

«הַאִם מֻתָּר לְהֵיטִיב בְּשַׁבָּת אוֹ לַעֲשׂוֹת רָעָה? לְהַצִּיל נֶפֶשׁ אוֹ לַהֲרֹג?» (בשורת מרקוס פרק ג׳4).

«מִי מִכֶּם הָאִישׁ שֶׁכֶּבֶשׂ אֶחָד לוֹ וְאִם יִפֹּל בְּשַׁבָּת לְתוֹךְ בּוֹר לֹא יַחֲזִיק בּוֹ וְיָרִים אוֹתוֹ? וְכַמָּה חָשׁוּב הָאָדָם יוֹתֵר מִן הַכֶּבֶשׂ! לָכֵן מֻתָּר לַעֲשׂוֹת אֶת הַטּוֹב בְּשַׁבָּת» (בשורת מתתיהו פרק י״ב 11-12).

מאחר והפרושים מילאו עצמם בהגבלות התורה שיצרו בתוך המסורת- בנוסף למחֲשבות ולדרך חיים המתרכזת בעצמם-לא רק שכשלו בהבנת רצון אלוהים הנעוץ בתורה, אלא שהם גם כשלו בזיהוי: ישוע המשיח-שבא אל העולם כמושיע.

ישוע הצביע לעיתים על פְּעָלֵי העוולה שלהם ודחק בם לשוב בּתשובה- האשימם עקב הזנחת ושכיחת מטרתה האמיתית של תורת אלוהים שניתנה להם ובמקום זאת דבקו בהפגנת מעֲשיהם הטובים ושמירת המסורת כלפי חוץ[באופן חיצוני]:

«אוי לכם סופרים ופרושים צבועים כי נותנים אתם מעשרות ממנתה ושֶבֶת וכמון ומזניחים את הדברים החשובים יותר שבתורה-את המשפט,את החסד ואת האמונה.צריך היה לעשות את אלה האחֲרונים ואין לעֲזוב את הדברים האחרים»

(בשורת מתתיהו פרק כ"ג 23).

« אוי לכם סופרים ופרושים צבועים –כי מטהרים אתם את הכוס ואת הקערה מבחוץ ותוכָן מלא גֶזֶל ותאוותנות» (בשורת מתתיהו פרק כ"ג 25).

עם ישראל: אשר היה תחת שלטונה של האימפריה הרומית, דמיינו לעצמם תמונה של משיח שישחרר אותם מידי של המדכאים וימשול מעל לכל הגזעים וכל העמים.

בינתיים נולד בן לנגר; הוא התחבר לנטושים, לחולים ולחוטאים; הוא קרא לאלוהים: «אבא» והעיד באומרו: שהוא אור העולם. כשגער בם על חטאותיהם- דקרו המילים בלב אלה ששמרו מסורת לפי התקן שלהם והכריזו על צדקתם- וכתוצאה: צלבו אותו ללא כל סיבה.

לב אלוהים-חסד ואהבה בלתי פוסקת

הפרושים שמרו בקנאות על מסורת ההלכה היהודית והחשיבו שנים רבות של שמירת מסורת כשווי ערך לחייהם. הם התייחסו למוכסים שהועסקו על ידי הרומים כאל חוטאים ונמנעו מכל מגע עימם.

בְּבשורת מתתיהו פרק ט› פסוק 10 כתוב: שישוע נח בשכיבה ליד שולחן ערוך בביתו של מוכס- מתתיהו. מוכסים וחוטאים רבים סעדו עם ישוע ותלמידיו. כאשר ראו זאת הפרושים -הם אמרו לתלמידיו: «מדוע סועד הרב שלכם עם מוכסים וחוטאים?» כששמעם ישוע בגנותם את תלמידיו הוא הסביר להם על לב אלוהים- הנותן מחסדו ומאהבתו העצומה לכל אחד השב בְּתשובה על חטאיו מכל הלב.

עוד ממשיך הכתוב בְּבשורת מתתיהו פרק ט´12-13: «שָׁמַע יֵשׁוּעַ וְאָמַר לָהֶם:לֹא הַבְּרִיאִים צְרִיכִים לְרוֹפֵא, אֶלָּא הַחוֹלִים. וְאַתֶּם צְאוּ וְלִמְדוּ מַה מַּשְׁמַע:‹חֶסֶד

חָפַצְתִּי וְלֹא-זָבַח›, כִּי לֹא בָאתִי לִקְרֹא לַצַּדִּיקִים כִּי אִם לַחוֹטְאִים.»

כשרוע האנשים בנינווה הגיע עד השמיים-עמד אלוהים להשמיד את העיר נינווה. אך לפני שעשה זאת-שלח אלוהים את נביאו: יונה בכדי לאפשר לאנשים לשוב מחטאותיהם. האנשים צמו וחזרו בְּתשובה על חטאותיהם ואלוהים שב בו מתוכניתו להשמידם. אולם הפרושים היו אלה שחשבו שכל אדם העובר על חוק התורה- יישפט ללא כל אפשרות אחרת. החלק הֶחָשוב ביותר של התורה הינו:סליחה ואהבה בלתי פוסקת. אולם הפרושים חשבו שלגנות ולשפוט מישהו זהו דבר שווה ערך וצודק יותר מאשר לסלוח לו באהבה.

באותו אופן:כשאין אנו מבינים את לב אלוהים- אשר נתן לנו את התורה-אנו נאלצים לשפוט הכול באמצעות מַחֲשבותינו והתיאוריות שלנו- אותם הדברים שימצאו שגויים ומנוגדים לאלוהים עצמו.

תכלית אלוהים האמיתית למתן התורה

אלוהים ברא את השמיים והארץ וכל אשר בם. כמו כן: הוא בחר את האדם במטרת השגת בנים שיקבלו את דמות ליבו. לשם מטרה זו אמר אלוהים לעמו: «וִהְיִיתֶם קְדֹשִׁים כִּי קָדוֹשׁ אָנִי» (ויקרא פרק י״א 44). אל לפחד רק כשחיצוניותנו כופרת- אלא נבין שאלוהים מעודדנו להתקדש על ידי השלכת כל רוע ועוולה מלבבותינו.

בִּימי ישוע:הביעו הפרושים והסופרים עניין רב יותר בְּזבחים וּבְשמירת המסורת דרך המעשים-יותר מאשר בהתקדשות ליבם. אלוהים חפץ יותר בלב נשבר וְנִדְכֶּה מאשר בזבח (תהלים מזמור נ״א 19). אלוהים נתן לנו את התורה על מנת שנשוב בְּתשובה מחטאותינו ונִפנה גבינו אליהם דרך התורה.

רצונו האמיתי של אלוהים נעוץ בתורה

לא יתכן שקיום המצוות של עם ישראל לא הכיל בתוכו כלל אהבה כלפי אלוהים. אולם הדבר אותו דרש מהם אלוהים היה התקדשות ליבם והוא גער בהם בחומרה דרך הנביא ישעיהו:

«לָמָּה-לִּי רֹב-זִבְחֵיכֶם יֹאמַר יְהוָה שָׂבַעְתִּי עֹלוֹת אֵילִים וְחֵלֶב מְרִיאִים וְדַם פָּרִים וּכְבָשִׂים וְעַתּוּדִים לֹא חָפָצְתִּי: כִּי תָבֹאוּ לֵרָאוֹת פָּנָי מִי-בִקֵּשׁ זֹאת מִיֶּדְכֶם רְמֹס חֲצֵרָי: לֹא תוֹסִיפוּ הָבִיא מִנְחַת- שָׁוְא קְטֹרֶת תּוֹעֵבָה הִיא לִי חֹדֶשׁ וְשַׁבָּת קְרֹא מִקְרָא לֹא-אוּכַל אָוֶן וַעֲצָרָה» (ישעיהו פרק א׳ 11-13).

קיום המסורת לא יכול להיות מושלם דרך מעשים חיצוניים בלבד, אלא בנוסף לְנכונות הלב. לכן לא חפץ אלוהים בריבוי זבחים אשר הועלו בפניו רק בעקבות מנהג שטחי של כניסה לחֲצרות בית המקדש הקדושה. לא חשוב כמה זבחים הועלו בהתאם למצוות התורה- אלוהים אינו חפץ בם מאחר וליבם לא היה בתיאום עם רצונו.

אותו הדבר קורה עם תפילותינו. בתפילותינו: פעולת התפילה עצמה אינה חֲשובה כמו יחס ליבנו בתפילה- הֶחָשוב פי כמה. מחבר תהילים כתב במזמור ס״ו 18: «אָוֶן אִם-רָאִיתִי בְלִבִּי, לֹא יִשְׁמַע אֲדֹנָי.»

דרך ישוע – נתן אלוהים לעם להבין שהוא אינו חפץ בְּתפילות צבועות או בְּתפילות ראווה- אלא בְּתפילות כנות מכל הלב:

«כַּאֲשֶׁר אַתֶּם מִתְפַּלְּלִים אַל תִּהְיוּ כַּצְּבוּעִים, הָאוֹהֲבִים לְהִתְפַּלֵּל בְּעָמְדָם בְּבָתֵּי כְּנֶסֶת וּבְפִנּוֹת שֶׁל רְחוֹבוֹת לְמַעַן יֵרָאוּ לִבְנֵי אָדָם. אָמֵן אוֹמֵר אֲנִי לָכֶם, שְׂכָרָם אִתָּם. וְאַתָּה כַּאֲשֶׁר תִּתְפַּלֵּל הִכָּנֵס לְחַדְרְךָ, סְגֹר אֶת הַדֶּלֶת בַּעַדְךָ וְהִתְפַּלֵּל לְאָבִיךָ אֲשֶׁר בַּסֵּתֶר, וְאָבִיךָ הָרוֹאֶה בַּמִּסְתָּרִים יִגְמֹל לְךָ» (בשורת מתתיהו פרק ו׳5-6).

דבר דומה קורה כשאנו שבים בְּתשובה מחטאותינו. אלוהים אינו רוצה שנקרע את בגדינו מעלינו וּנקונן בגילויי חרטה, אלא שנקרע את ליבנו ונשוב בְּתשובה בליבנו.פעולת החזרה בְּתשובה אינה חשובה לכשעצמה- אך כשאנו שבים -בכל הלב- בְּתשובה מחטאותינו ושבים אל אלוהים- אלוהים מקבל זאת:

«וְגַם-עַתָּה נְאֻם-יְהוָה שֻׁבוּ עָדַי בְּכָל-לְבַבְכֶם וּבְצוֹם וּבִבְכִי וּבְמִסְפֵּד. וְקִרְעוּ לְבַבְכֶם וְאַל-בִּגְדֵיכֶם וְשׁוּבוּ אֶל-יְהוָה אֱלֹהֵיכֶם כִּי- חַנּוּן וְרַחוּם הוּא אֶרֶךְ אַפַּיִם וְרַב-חֶסֶד וְנִחָם עַל-הָרָעָה» (יואל פרק ב׳12-13).

במילים אחרות: אלוהים רוצה לקבל את לב מקיימי המצוות יותר מאשר את קיום המצוות. זה מתואר בכתובים כ-«מילת הלב». אנו יכולים למול את גופנו על ידי חיתוך הָעָרלה- אך אנו יכולים גם להיות נימולים בלבנו דרך חיתוך עָרלת הלב .

מילת הלב בה חפץ אלוהים

מהי המשמעות המפורטת של מילת הלב? המושג מתייחס ל: «חיתוך והשלכה של כל רוע וחטא מהלב, כולל קנאה, מזג חם, איבה, ניאוף, שקר, גניבה, שפיטה וגינוי.» כאשר הינך משליך מליבך חטאים ורוע ומקיים מצוות התורה, אלוהים מקבל זאת כציות מוחלט:

«הִמֹּלוּ לַיהוָה וְהָסִרוּ עָרְלוֹת לְבַבְכֶם אִישׁ יְהוּדָה וְיֹשְׁבֵי יְרוּשָׁלִָם פֶּן- תֵּצֵא כָאֵשׁ חֲמָתִי וּבָעֲרָה וְאֵין מְכַבֶּה מִפְּנֵי רֹעַ מַעַלְלֵיכֶם» (ירמיהו פרק ד׳4).

«וּמַלְתֶּם אֵת עָרְלַת לְבַבְכֶם וְעָרְפְּכֶם לֹא תַקְשׁוּ עוֹד» (דברים פרק י׳17).

«עַל-מִצְרַיִם וְעַל-יְהוּדָה וְעַל-אֱדוֹם וְעַל-בְּנֵי עַמּוֹן וְעַל-מוֹאָב וְעַל כָּל- קְצוּצֵי פֵאָה הַיֹּשְׁבִים בַּמִּדְבָּר כִּי כָל-הַגּוֹיִם עֲרֵלִים וְכָל-בֵּית יִשְׂרָאֵל עַרְלֵי-לֵב» (ירמיהו פרק ט׳ 25).

«וּמָל יְהוָה אֱלֹהֶיךָ אֶת-לְבָבְךָ וְאֶת-לְבַב זַרְעֶךָ לְאַהֲבָה אֶת-יְהוָה אֱלֹהֶיךָ בְּכָל-לְבָבְךָ וּבְכָל-נַפְשְׁךָ לְמַעַן חַיֶּיךָ» (דברים פרק ל׳6).

לפיכך: התנ״ך מאיץ בנו לעיתים למול את ליבנו, מפני שרק הנימולים בליבם מסוגלים לאהוב את אלוהים בכל ליבם ובכל נפשם.

אלוהים חפץ שילדיו יהיו קדושים ומושלמים. בבראשית פרק י״ז 1:אומר אלוהים לאברהם «הְיֵה תָמִים» ובספר ויקרא פרק י״ט -2 הוא מצווה על עם ישראל: «קְדֹשִׁים תִּהְיוּ.»

בְּבשורת יוחנן פרק י׳35 כתוב: «אִם הוּא אָמַר ‹אֱלֹהִים› לְאֵלֶּה אֲשֶׁר דְּבַר אֱלֹהִים הָיָה אֲלֵיהֶם – וְאֶת הַכָּתוּב אִי אֶפְשָׁר לְהָפֵר», ובאיגרת השנייה לכיפא פרק א׳4 כתוב: «בְּדֶרֶךְ זֹאת נָתַן לָנוּ הַבְטָחוֹת גְּדוֹלוֹת מְאֹד וִיקָרוֹת, לְמַעַן תִּהְיוּ שֻׁתָּפִים עַל-יָדָן בַּטֶּבַע הָאֱלֹהִי בְּהִמָּלֶטְכֶם מֵהַכִּלָּיוֹן הַשּׁוֹרֵר בָּעוֹלָם בְּשֶׁל הַתַּאֲוָה.»

בימי התנ"ך נושעו אנשים דרך שמירת התורה אשר היתה סמל וצל המשיח הֶעָתיד לבוא. לעומת זאת בברית החדשה: אנו נושעים דרך אמונה בְּישוע המשיח אשר קיים את התורה באמצעות אהבה.

בימי התנ"ך: ישועה דרך מעשים הייתה אפשרית כאשר היה באנשים רצון לרצוח, לשנוא, לנאוף ולשקר, אך הם לא הוציאו רצונות אלה לפועל במעשיהם. בימי התנ"ך רוח הקודש לא חיה בתוכם והם נאלצו להפטר מתשוקות ורצונות בלתי מוסריים בכוחות עצמם, לכן כשלא חטאו במעשיהם, הם לא נחשבו לחוטאים.

לעומת זאת: בימי הברית החדשה אנו משיגים ישועה רק כשאנו מלים את ליבנו באמונה. רוח הקודש מְתַּדַעַת אותנו לגבי חטא, צדקה וּמשפט ועוזרת לנו לחיות על פי דבר אלוהים, על מנת שנוכל להסיר מאיתנו שקר וטבע בלתי מוסרי ונמול את ליבנו.

ישועה דרך האמונה בְּישוע המשיח אינה ניתנת לנו כשאנו מאמינים שישוע המשיח הוא מושיענו. רק כשאנו משליכים מליבנו רשע עקב אהבתנו לאלוהים וּמתהלכים בָּאֱמֶת על פי אמונה-רק אז יַחֲשיב זאת אלוהים לאמונה אמיתית ויוביל אותנו לא רק לישועה שלמה- אלא גם לדרך של ברכות וּתשובות מדהימות.

כיצד נרצה את אלוהים?

זה טבעי בעֲבור בן אלוהים שלא יֶחֱטָא במעשיו. כמו כן: זה יהא נורמלי בעֲבורו לרצות להשליך מליבו כל שקר וּתשוקות רוויות חטא וּלשקף את קדושת אלוהים. במידה ואינכם חוטאים במעשיכם-אך מטפחים בליבכם רצונות בלתי מוסריים בם אלוהים אינו חפץ- קיימת סכנה שלא תיחָשבו כצדיקים בפני אלוהים.

לכן כתוב בְּבשורת מתתיהו פרק ה'27-28: «שְׁמַעְתֶּם כִּי נֶאֱמַר ‹לֹא תִּנְאָף› וַאֲנִי אוֹמֵר לָכֶם שֶׁכָּל הַמַּבִּיט בְּאִשָּׁה מִתּוֹךְ תַּאֲוָה אֵלֶיהָ כְּבָר נָאַף אוֹתָהּ בְּלִבּוֹ.»

כמו כן :באיגרת הראשונה ליוחנן פרק ג'15 כתוב: «כָּל הַשּׂוֹנֵא אֶת אָחִיו רוֹצֵחַ הוּא. וְיוֹדְעִים אַתֶּם שֶׁכָּל רוֹצֵחַ אֵין חַיֵּי עוֹלָם מִתְקַיְּמִים בּוֹ.» פסוק זה דוחק בנו להפטר משנאה שבלב.

כיצד אם כן עלינו להתנהג כלפי אויבינו השונאים אותנו על מנת להתאים עצמנו לְרצון אלוהים?

תורת ימי התנ"ך אומרת לנוף «עין תחת עין, שן תחת שן.» במילים אחרות, התורה אומרת: «כַּאֲשֶׁר יִתֵּן מוּם בָּאָדָם כֵּן יִנָּתֶן בּוֹ.» כללים נוקשים נקבעו על מנת למנוע מאחד לפגוע או לגרום נזק לאחר, מפני שיודע אלוהים שהאדם ברשעותו תמיד ינסה להטיל על הָאַחֵר עונש כבד יותר מהנזק שנגרם לו.

המלך דוד נחשב לאיש אשר תר אחר לב אלוהים. כשהמלך שאול ניסה להורגו-לא השיב ל דוד רעה תחת כל הרעות שהמלך שאול עשה נגדו- אלא התייחס אליו בטוב לב עד לרגע האחרון. דוד ראה את המשמעות האמיתית הנעוצה בתורה וחי אך ורק על פי דבר אלוהים האומר:

«לֹא-תִקֹּם וְלֹא-תִטֹּר אֶת-בְּנֵי עַמֶּךָ וְאָהַבְתָּ לְרֵעֲךָ כָּמוֹךָ אֲנִי יְהוָה» (ויקרא פרק י"ט 18).

«בִּנְפֹל אויביך (אוֹיִבְךָ) אַל-תִּשְׂמָח וּבִכָּשְׁלוֹ אַל-יָגֵל לִבֶּךָ» (משלי פרק כ"ד 17).

«אִם-רָעֵב שֹׂנַאֲךָ הַאֲכִלֵהוּ לָחֶם וְאִם-צָמֵא הַשְׁקֵהוּ מָיִם» (משלי פרק כ"ה 21).

«שְׁמַעְתֶּם כִּי נֶאֱמַר ‹אֱהַב אֶת רֵעֲךָ וּשְׂנָא אֶת אוֹיִבְךָ› וַאֲנִי אוֹמֵר לָכֶם, אֶהֱבוּ אֶת אוֹיְבֵיכֶם וְהִתְפַּלְּלוּ בְּעַד רוֹדְפֵיכֶם» (מתי פרק ה" 43-44).

בהתאם לפסוקים דלעיל: אם תקיימו תורה אך לא סלחתם לאשר גרמו לכם צרות,-לא יהא אלוהים מרוצה מכם וזאת מאחר ואלוהים אמר לנו: לאהוב את אויבינו. כשאנו שומרים מצוות ועושים זאת עם הלב אותו אלוהים חפץ לראות בקרבינו,-ניחָשב לאנשים המצייתים לְדבר אלוהים בְּמלואו.

התורה- סמל לאהבת אלוהים

אהבת אלוהים חפצה: לתת לנו ברכות למכביר, אולם עקב היותו אלוהי הצדק: אין לאלוהים כל ברירה אלא להתיר את אחיזת השטן בנו כשאנו חוטאים. לכן: ישנם מאמינים הסובלים ממחלות ותאונות כשאינם חיים על פי דבר אלוהים.

אלוהים נתן לנו מתוך אהבתו מצוות רבות על מנת להגן עלינו מניסיונות כואבים. כמה הוראות נותנים הורים לילדיהם על מנת להגן עליהם ממחלות ותאונות?

«שטוף את הידיים כשאתה חוזר הביתה.»

«צחצח את השיניים לאחר האוכל.»

«הבט לְצדדים בעת חֲציית הכביש.»

באותו אופן:אמר לנו אלוהים באהבתו לשמור תורה ולקיים את מצוותיו לטובתנו אנו (דברים פרק י׳13). לשמור ולחיות על פי דבר אלוהים זה כמו מנורה למסע חיינו. לא משנה כמה חשוך- אנו יכולים להתהלך בבטחה ליעדינו עם מנורה ביד. באורח דומה: כשאלוהים שהוא האור- שוכן בנו-יכולים אנו להיות מוגנים וליהנות מִזכות וּבְרכת ילדי אלוהים.

כמה מרוצה אלוהים כשהוא מגן בעיניים יוקדות על ילדיו המצייתים לְדברו - הוא נותן להם כל מה שיבקשו ממנו! וילדיו בהתאם יכולים לשנות את ליבם ללב נקי וטוב ולהדמות לאלוהים ככל שהם שומרים ומצייתים לְדברו כְּגמול הם חווים את עומק אהבת אלוהים וְיכולים לאהוב אותו יותר.

לכן התורה אותה נתן לנו אלוהים הינה מעין: ספר לימוד על אהבה המציג את הקווים לברכות המרביות בעבורנו הנמצאות תחת השגחתו העליונה של אלוהים עלי אדמות. תורת אלוהים אינה מטילה עלינו עול – אלא מגינה עלינו מאסונות העולם הזה- בו שולט אויבינו השטן. התורה מדריכה אותנו אל נתיב הברכה.

ישוע מילא את התורה על ידי האהבה

בְּדברים פרק י"ט 21-19 אנו מוצאים: שבימי התנ"ך- כשמישהו חטא עם עיניו- אלה האחרונות נעקרו. כשחטאו עם ידיהם או רגליהם – הן נקטעו. כשרצחו או נאפו- הם נסקלו למוות באבנים.

חוקי העולם הרוחני אומרים לנו: ששכר החטא הינו מוות. אלוהים העניש בחומרה את אלה אשר ביצעו חטאים נוראיים-למען יראו העם וְיִרָאוּ.

אך אלוהיי האהבה: לא היה מרוצה מהקנאה בה הם דבקו במצוות: «עין תחת עין, שן תחת שן.» במקום זאת הדגיש אלוהים שוב ושוב בתנ"ך: שעליהם למול את ליבם. אלוהים לא רצה שעמו יחוש את כאב הנטל שבקיום התורה, לכן בבוא העת: שלח אלוהים את ישוע לארץ והתיר לו לקחת את חטאות האנושות על עצמו ובכך לקיים את התורה על ידי האהבה.

אלמלא הוקעת ישוע על העץ: היה עלינו להיענש על ידי כריתת ידינו או רגלינו באם היינו חטאנו עמן. אך ישוע לקח את צלבו ושפך את דמו היקר בכך שהתיר את ניקוב ידיו ורגליו, כל זאת על מנת לשטוף את כל חטאותינו אשר ביצענו בידינו וברגלינו. כעת לא יכרתו יותר את ידינו או רגלינו והכול עקב אהבתו הֶעָזה של אלוהים.

ישוע אשר הינו: אחד עם אלוהיי האהבה, ירד ארצה וקיים את התורה על ידי אהבה. ישוע חי חיי מופת בקיימו את כל מצוות תורת אלוהים.

אף שקיים את התורה במלואה- הוא לעולם לא גינה את אלה אשר כשלו בקיום המצוות ולא אמר: «עברתם על חוקי התורה וכעת אתם בדרככם אל המוות». נהפוך הוא:ישוע לימד את האנשים יומם וָלַיְלָה את האמת- על מנת שעוד נפש אחת תשוב בְּתשובה על חטאיה ותיוושע. הוא עמל ללא הפסקה כשריפא ושיחרר את שהיו כבולים על ידי מחלות ושדים.

אהבת ישוע הופגנה בצורה חזקה ביותר כשאישה אשר נתפסה במעשה ניאוף והובאה בפניו על ידי הפרושים והסופרים. בְּבשורת יוחנן פרק 8 :הביאו הסופרים והפרושים את האישה אליו ושאלוהו: «מֹשֶׁה צִוָּנוּ בַּתּוֹרָה לִסְקֹל נָשִׁים

כָּאֵלֶּה, וּמָה אַתָּה אוֹמֵר?»[פסוק 5] ענה להם ישוע: «מִי מִכֶּם נָקִי מֵחֵטְא, שֶׁיְּהֵא הוּא רִאשׁוֹן לְהַשְׁלִיךְ עָלֶיהָ אֶבֶן!»[פסוק 7]

בשאלו אותם שאלה זו התכוון ישוע :לעורר אותם לעובדה שלא רק האישה הזו- אלא גם הם עצמם-אותם אלה אשר האשימוה בניאוף וניסו למצוא בסיס להאשים את ישוע-אף הם חטאו בעיניי אלוהים ואין אחד אשר יכול לגנות את האחר. בשמעם זאת הם עזבו את המקום זה אחר זה -החל מן הזקן ביותר עד לאחרון שבהם. נותרו לעמוד רק ישוע והאישה אותה האשימו.

בִּראות ישוע שלא נותר איש מלבדה הוא אמר לה: «אִשָּׁה, אֵיפֹה הֵם? הַאִם לֹא הִרְשִׁיעַ אוֹתָךְ אִישׁ?» הֵשִׁיבָה וְאָמְרָה: «אַף לֹא אֶחָד, אֲדוֹנִי.» אָמַר לָהּ: «גַּם אֲנִי אֵינֶנִּי מַרְשִׁיעַ אוֹתָךְ. לְכִי וְאַל תּוֹסִיפִי לַחֲטֹא עוֹד.»

כשהובאה האישה ונגלה לקֳבל עם ועֵדה: חטאה הנורא - היא סבלה ממשא פחד עצום. לכן בִּסלוח לה ישוע- התוכלו לדמיין לעצמכם כמה דמעות היא הזילה ברגשי תודה עמוקים! בכל פעם שזכרה את סליחת ואהבת ישוע- היא לא העיזה לעבור עוד על חוק התורה ואף לא יכלה לחטוא שוב. כל זה הפך לאפשרי בעקבות פגישתה עם ישוע אשר קיים את התורה על ידי אהבה.

ישוע קיים את התורה על ידי האהבה לא רק עבור אישה זו, אלא עבור כל אדם. הוא לא חשך את חייו כלל וּמסרם על העץ בעֲבורנו החוטאים- בלב של הורה אשר אינו חס על חייו בכדי להציל את ילדו הטובע.

ישוע היה בנו היחיד, הטהור והתמים של אלוהים- אך הוא נשא את כל הכאב הבלתי ניתן לתיאור, שפך את מֵי ודם גופו וּמסר את חייו על העץ בעבורנו- החוטאים. רגע צליבתו היה הרגע הנוגע ביותר בהיסטוריית האנושות בה אהבה אינסופית מתגשמת.

כשכוח אהבת אלוהים יורד עלינו: אנו מתחזקים בקיום התורה וּמסוגלים למלה על ידי האהבה בדיוק כשם שעשה זאת ישוע.

באם ישוע לא היה מקיים את התורה על ידי אהבה וּבמקום זאת היה שופט וּמגנה כל אחד באמצעות אותה התורה וּמְפַנֶּה את מבטו מן החוטאים, כמה אנשים

היו נושעים בעולם? ככתוב בתנ״ך: «אֵין צַדִּיק, אֵין גַּם אֶחָד»- אף אחד אינו יכול להיוושע.

לכן: על בני אלוהים אשר חטאותיהם נסלחו באהבתו הגדולה של אלוהים- לא רק לאהוב אותו בשמירת מצוותיו בלב עניו אלא גם לאהוב את רעיהם כמוהם ולשרת ולסלוח להם.

אלה השופטים וּמְגַנִּים אחרים באמצעות התורה

ישוע קיים את התורה על ידי האהבה והפך למושיע האנושות- אך מה עשו הפרושים, הסופרים ורבני התורה? הם התעקשו על קיום המצוות במעשיהם במקום לקדש את ליבם כפי שרצה זאת אלוהים וחשבו שהם מקיימים את התורה בִּמלואה. בנוסף: הם לא סלחו באהבה לאלה שלא קיימו את התורה- אלא שפטו וגינו אותם על כך.

אולם אלוהינו לעולם אינו רוצה לשפוט ולגנות את האחר בלי אהבה וָרַחֲמִים. אלוהים אף אינו רוצה שנתענה בקיום התורה מבלי לחוות את אהבתו. אם קיימנו את התורה אך נכשלנו להבין את לב אלוהים ונכשלנו לקיימה על ידי האהבה-אין זה מועיל לנו דבר:

«אִם תִּהְיֶה לִי מַתַּת הַנְּבוּאָה וְאֵדַע כָּל הַסּוֹדוֹת וְאַשִּׂיג כָּל הַדַּעַת וְאִם תִּהְיֶה בִּי כָּל הָאֱמוּנָה עַד לְהַעְתִּיק הָרִים מִמְּקוֹמָם, וְאֵין בִּי אַהֲבָה, הֲרֵינִי כְּאַיִן וּכְאֶפֶס. אִם אֲחַלֵּק אֶת כָּל רְכוּשִׁי לִצְדָקָה וְגַם אֶתֵּן אֶת גּוּפִי לִשְׂרֵפָה וְאֵין בִּי אַהֲבָה – לֹא יוֹעִיל לִי דָּבָר» (האיגרת הראשונה לקורינתיים פרק י״ג 2-3).

אלוהים הוא אהבה- והוא שמח וּמברך אותנו כשאנו פועלים באהבה. בתקופת ישוע: הפרושים קיימו את התורה במעשיהם ללא כל אהבה בליבם וזה לא הועיל להם דבר. הם שפטו וגינו אחרים באמצעות ידיעת התורה וזה גרם להתרחקותם מאלוהים. זה הסתיים בִּצליבת בן אלוהים על העץ.

כשאתם מבינים את רצונו האמיתי של אלוהים הנעוץ בתורה

אף בתקופת התנ"ך: היו אבות האמונה אשר הבינו את רצונו האמיתי של אלוהים בתורה. אבות האמונה כוללים את: אברהם, יוסף, משה, דוד ואליהו. הם לא רק שמרו התורה, אלא גם עשו כל שביכולתם להיות לבני אלוהים על ידי מילת ליבם.

אולם:כְּשנשלח ישוע כְּמשיח אלוהים על מנת להראות ליהודים את אלוהיי: אברהם, יצחק ויעקב,-נבצר מהם לזהותו מאחר והתעוורו ממגבלות מסורת הזקנים וּמן המאמצים לשמור את התורה.

על מנת להעיד על היותו בן אלוהים-חולל ישוע נסים ונפלאות מדהימים שהתאפשרו רק בזכות כוח אלוהים. אך הם לא יכלו לזהות את ישוע או לקבלו כְּמשיח.

אך בעֲבור אותם היהודים שליבם היה טוב –הכל היה טוב. כששמעו את מְסרי ישוע: האמינו בו וכאשר ראו את הנסים שחולל:הם האמינו כי אלוהים עמו. בְּבשורת יוחנן פרק ג׳:2 פרוש בשם:

‹נקדימון›: «בָּא אֶל יֵשׁוּעַ בַּלַּיְלָה וְאָמַר אֵלָיו: רַבִּי, אֲנַחְנוּ יוֹדְעִים כִּי מֵאֵת אֱלֹהִים בָּאתָ לִהְיוֹת מוֹרֶה, שֶׁהֲרֵי אֵין אִישׁ יָכוֹל לַעֲשׂוֹת אֶת הָאוֹתוֹת שֶׁאַתָּה עוֹשֶׂה אֶלָּא אִם כֵּן אֱלֹהִים אִתּוֹ.»

אהבת אלוהים ממתינה לשיבת ציון

מדוע מרבית היהודים לא זיהו את ישוע בבואו אל העולם כְּמושיע? התשובה: הם יצרו מסגרת של התורה במחשבות שלהם והאמינו כי הם אוהבים ועובדים את אלוהים. בכל אותה עת הם סירבו לקבל שהדברים שונים ממסגרתם.

עד שפגש שאול את ישוע- הוא האמין בכל ליבו שלאהוב ולשרת את אלוהים משמעותו: לשמור תורה וּמסורת בְּמלואה. לכן:הוא לא קיבל את ישוע כמושיע-

אלא רדף אותו ואת מאמיניו. לאחר שפגש בִּישוע שקם לתחייה -בדרכו לדמשק- כל מסגרותיו נופצו לאלפי רסיסים והוא הפך לְשליח האדון- ישוע המשיח. מאותו יום: הוא אף היה מוכן לתת את חייו עבור האדון.

הרצון העז הזה לשמור תורה שוכן במעמקי נפשם של בני ישראל. אי לזאת: בחר אלוהים בעם ישראל. ברגע שיבינו את: רצונו האמיתי של אלוהים הנעוץ בתורה, הם יהיו מסוגלים לאהוב את אלוהים יותר מכל עם או גזע, ויהיו נאמנים לאלוהים בכל ליבם.

כשהוציא אלוהים את בני ישראל ממצרים,- נתן להם אלוהים דרך משה את כל החוקים והמצוות -ובכך אמר להם מה בדיוק רצה שיעשו. אמר להם אלוהים שאם הם באמת יאהבו את אלוהים, ימולו את לבבם ויחיו בהתאם לְרצון אלוהים- הוא יהיה עמם וייתן להם ברכות נפלאות:

«וְשַׁבְתָּ עַד-יְהוָה אֱלֹהֶיךָ וְשָׁמַעְתָּ בְקֹלוֹ כְּכֹל אֲשֶׁר-אָנֹכִי מְצַוְּךָ הַיּוֹם אַתָּה וּבָנֶיךָ בְּכָל-לְבָבְךָ וּבְכָל-נַפְשֶׁךָ. וְשָׁב יְהוָה אֱלֹהֶיךָ אֶת- שְׁבוּתְךָ וְרִחֲמֶךָ וְשָׁב וְקִבֶּצְךָ מִכָּל-הָעַמִּים אֲשֶׁר הֱפִיצְךָ יְהוָה אֱלֹהֶיךָ שָׁמָּה. אִם-יִהְיֶה נִדַּחֲךָ בִּקְצֵה הַשָּׁמָיִם מִשָּׁם יְקַבֶּצְךָ יְהוָה אֱלֹהֶיךָ וּמִשָּׁם יִקָּחֶךָ. וֶהֱבִיאֲךָ יְהוָה אֱלֹהֶיךָ אֶל-הָאָרֶץ אֲשֶׁר-יָרְשׁוּ אֲבֹתֶיךָ וִירִשְׁתָּהּ וְהֵיטִבְךָ וְהִרְבְּךָ מֵאֲבֹתֶיךָ. וּמָל יְהוָה אֱלֹהֶיךָ אֶת-לְבָבְךָ וְאֶת- לְבַב זַרְעֶךָ לְאַהֲבָה אֶת-יְהוָה אֱלֹהֶיךָ בְּכָל-לְבָבְךָ וּבְכָל-נַפְשְׁךָ לְמַעַן חַיֶּיךָ. וְנָתַן יְהוָה אֱלֹהֶיךָ אֵת כָּל-הָאָלוֹת הָאֵלֶּה עַל-אֹיְבֶיךָ וְעַל-שֹׂנְאֶיךָ אֲשֶׁר רְדָפוּךָ. וְאַתָּה תָשׁוּב וְשָׁמַעְתָּ בְּקוֹל יְהוָה וְעָשִׂיתָ אֶת-כָּל-מִצְוֹתָיו אֲשֶׁר אָנֹכִי מְצַוְּךָ הַיּוֹם.» (דברים פרק ל 2-8).

בדיוק כשם שהבטיח אלוהים לעמו הנבחר-ישראל-הבטיח בִּפסוקים אלה- אסף אלוהים את עמו אשר פוזרו ברחבי העולם והשיבם אל ארצם לאחר אלפיים שנה והציבם מעל שאר אומות העולם. אולם:בני ישראל עדיין לא הבינו את אהבת אלוהים הגדולה אשר באה לידי ביטוי במעשה הצליבה- ואת תוכניתו בעת בריאת האנושות וטיפוחה. בני ישראל בוחרים עדיין בדרך קיום המצוות ושמירת מסורת הזקנים.

אלוהיי האהבה: מצפה בכיליון עיניים שיעזבו את אמונותיהם המעוּוָתות וישובו אליו כבני אלוהים בִּמהרה. ראשית:עליהם לפתוח את הלב ולקבל את ישוע המשיח אשר נשלח על ידי אלוהים - כְּמושיע האנושות כולה וּלקבל סליחת חטאים. כצעד הבא: עליהם להבין את רצונו האמיתי של אלוהים - אשר התגלה בתורה - וּלהתמלא באמונה אמיתית דרך מילת לבבם על מנת להגיע לִישועה שלמה.

כולי תפילה שבני ישראל ישקמו בתוכם את: צלם אלוהים הֶאָבוּד - דרך אמונה המרצה את אלוהים ויהפכו לבניו/וּבנותיו האמיתיים של אלוהים בכדי שיוכלו ליהנות מכל הברכות ש הבטיח אלוהים ויחיו בכבוד וּבפאר גן העדן הנצחי.

כיפת הסלע: מסגד מוסלמי הממוקם בעיר הקדושה – ירושלים.

פרק ד

צְפוּ וַהֲקשיבו!

לקראת אחרית הימים

הכתובים מסבירים בבירור את ראשית היסטוריית האנושות בנוסף לקיצה. במשך מספר אלפי שנים[קצת למעלה מחמשת אלפים]-סיפר לנו אלוהים דרך הכתובים על היסטורית טיפוח האנושות. ההיסטוריה החלה באדם הראשון ותגיע לקיצה בשיבת ישוע.

מה בדיוק השעה בְּשעון היסטורית האנושות של אלוהים כעת וכמה ימים ושעות נותרו עד שהשעון יכריז על רגעיה האחרונים של האנושות? נֵרְדָּה נא לעומק תוכנית אהבת אלוהים אשר כל רצונה הוא להוביל את ישראל אל דרך הישועה.

התגשמות הנבואות בתנ"ך במהלך ההיסטוריה האנושית

ישנן נבואות רבות בָּתנ"ך וכולן הן: דברי הקדוש ברוך הוא - בורא שמיים וארץ. ככתוב בִּישעיהו פרק נ"ה 11: «כֵּן יִהְיֶה דְבָרִי אֲשֶׁר יֵצֵא מִפִּי לֹא-יָשׁוּב אֵלַי רֵיקָם כִּי אִם-עָשָׂה אֶת-אֲשֶׁר חָפַצְתִּי וְהִצְלִיחַ אֲשֶׁר שְׁלַחְתִּיו,» דבר אלוהים התגשם עד כֹּה במלואו וכל נבואה שנותרה תתגשם.

היסטוריית ישראל מְאַשרת שנבואות תנ"כיות התגשמו בדיוק רב ללא כל שגיאה או טעות. היסטוריית ישראל התפתחה בהתאם לנבואות התנ"ך: עבדות בת 400 שנה- של בני ישראל במצרים, כניסתם אל ארץ כנען - ארץ זבת חלב ודבש, חלוקת הממלכה לשני חלקים – ישראל וִיהודה וחורבנן, גלות בבל, שיבת בני ישראל לארצם, לידת המשיח, צליבת המשיח, חורבן ישראל והתפזרות בני ישראל בגולה , שיקומה וייסודה המחודש של מדינת ישראל העצמאית.

היסטורית האנושות הינה תחת פיקוח אלוהים. בכל פעם שרצה אלוהים לבצע משהו - הוא ניבא זאת לאנשי אלוהים (עמוס פרק ג׳7). אלוהים ניבא לנח - איש

צדיק תמים בדורותיו: שמבול גדול יַחֲריב את הארץ. אלוהים אמר לאברהם: שהערים סדום ועמורה תֵּחָרַבנה, אלוהים ניבא לנביא דניאל וליוחנן השליח על: אחרית ימי העולם.

מרבית הנבואות הרשומות בתנ״ך - התגשמו במלואן. הנבואות שטרם התגשמו הן: ביאתו השנייה של האדון ישוע ומספר דברים שיקדמו לה.

אותות אחֲרית הימים

כיום: למרות כל מאמצינו להסביר את אחֲרית הימים - בה אנו חיים-אשר: רבים אינם רוצים להאמין בה. במקום זאת הם חושבים: שהאנשים המדברים על אחֲרית הימים הינם מוזרים ונמנעים מלהקשיב להם כלל. הם חושבים שהשמש תזרח ותשקע, אנשים ייוולדו וימותו והציוויליזציה תמשיך כּבעבר.

הכתובים מספרים על אחרית הימים :«וְקֹדֶם כֹּל דְּעוּ זֹאת, שֶׁבְּאַחֲרִית הַיָּמִים יָבוֹאוּ לֵצִים הַמִּתְהַלְּכִים לְפִי מַאֲוַיֵּיהֶם הָאִישִׁיִּים וְיִתְלוֹצְצוּ לֵאמֹר:אֵיפֹה בּוֹאוֹ הַמֻּבְטָח? הֲרֵי מֵאָז שֶׁמֵּתוּ הָאָבוֹת הַכֹּל מַמְשִׁיךְ כְּמוֹ שֶׁהָיָה מֵרֵאשִׁית הַבְּרִיאָה!» (האיגרת השנייה לכיפא פרק ג׳3-4).

בכל פעם שנולד אדם – ישנו גם הזמן בו הוא ימות. באותו אופן: בדיוק כשם שהייתה להיסטוריית האנושות התחלה כך יהא לה גם סוף. כאשר זמן אשר הקציב אלוהים יבוא אל קיצו- כול דבר בעולם יגיע אף הוא לקיצו

«וּבָעֵת הַהִיא יַעֲמֹד מִיכָאֵל הַשַּׂר הַגָּדוֹל הָעֹמֵד עַל-בְּנֵי עַמֶּךָ וְהָיְתָה עֵת צָרָה אֲשֶׁר לֹא-נִהְיְתָה מִהְיוֹת גּוֹי עַד הָעֵת הַהִיא וּבָעֵת הַהִיא יִמָּלֵט עַמְּךָ כָּל-הַנִּמְצָא כָּתוּב בַּסֵּפֶר. וְרַבִּים מִיְּשֵׁנֵי אַדְמַת- עָפָר יָקִיצוּ אֵלֶּה לְחַיֵּי עוֹלָם וְאֵלֶּה לַחֲרָפוֹת לְדִרְאוֹן עוֹלָם. וְהַמַּשְׂכִּלִים יַזְהִרוּ כְּזֹהַר הָרָקִיעַ וּמַצְדִּיקֵי הָרַבִּים כַּכּוֹכָבִים לְעוֹלָם וָעֶד. וְאַתָּה דָנִיֵּאל סְתֹם הַדְּבָרִים וַחֲתֹם הַסֵּפֶר עַד-עֵת קֵץ יְשֹׁטְטוּ רַבִּים וְתִרְבֶּה הַדָּעַת» (דניאל פרק י״ב 1-4).

דרך הנביא דניאל ניבא אלוהים על מה שיקרה בּאַחֲרית הימים. יש האומרים

שנבואות דניאל התגשמו זה מכבר. אך נבואה זו תתגשם במלואה רק ברגעיה האחרונים של היסטורית האנושות -והיא הינה עקבית לחֲלוטין עם: אותות אחֲרית הימים הכתובים בברית החדשה.

נבואת דניאל הזו קשורה: לשיבת האדון. פסוק 1 אומר: «וְהָיְתָה עֵת צָרָה אֲשֶׁר לֹא-נִהְיְתָה מִהְיוֹת גּוֹי עַד הָעֵת הַהִיא וּבָעֵת הַהִיא יִמָּלֵט עַמְּךָ כָּל-הַנִּמְצָא כָּתוּב בַּסֵּפֶר»זה מסביר לנו על 7 שנות הצרה הגדולה אשר תתרחשנה באחֲרית הימים ועל קציר- הישועה.

חלקו השני של פסוק 4 אומר: «יְשֹׁטְטוּ רַבִּים וְתִרְבֶּה הַדָּעַת» – זה מסביר: על חיי היומיום השגרתיים בם חיים רבים. המסקנה: הנבואות אלו של דניאל אינן מתייחסות לחורבן ישראל שהתרחש בשנת 70 לספירה- אלא לאותות אחֲרית הימים.

ישוע דיבר בפרטים אל תלמידיו על אותות אחרית הימים בְּבשורת מתתיהו פרק כ״ד: «וְאַתֶּם עֲתִידִים לִשְׁמֹעַ מִלְחָמוֹת וּשְׁמֻעוֹת מִלְחָמָה רְאוּ פֶּן-תִּבָּהֵלוּ כִּי-הָיוֹ תִהְיֶה כָּל-זֹאת אַךְ עֲדֶן אֵין הַקֵּץ. כִּי יָקוּם גּוֹי עַל-גּוֹי וּמַמְלָכָה עַל-מַמְלָכָה וְהָיָה רָעָב וְדֶבֶר וָרַעַשׁ הֵנָּה וָהֵנָּה. וּנְבִיאֵי שֶׁקֶר רַבִּים יָקוּמוּ וְהִתְעוּ רַבִּים. וּמִפְּנֵי אֲשֶׁר יִרְבֶּה הַפֶּשַׁע תָּפוּג אַהֲבַת הָרַבִּים.»

כיצד נראה מצב העולם כיום? אנו שומעים חדשות על מלחמות ושמועות על מלחמות וטרור הולך וגובר. עמים נלחמים זה בזה וממלכות קמות אחת נגד רעותה. ישנם רעב כבד ורעידות אדמה. כמו כן: ישנם אסונות טבע רבים- בנוסף לַאסונות טבע הנגרמים כתוצאה ממזג אוויר חריג. יתרה מזאת: פשע והפקרות הולכים וגוברים בְּשכיחותם ברחבי העולם ואהבת רבים התקררה.

דברים דומים כתובים באגרת השנייה אל טימותיאוס פרק ג׳ 1-5:

«וְזֹאת תֵּדַע כִּי בְּאַחֲרִית הַיָּמִים יָבֹאוּ עִתִּים קָשׁוֹת. כִּי-יִהְיוּ הָאֲנָשִׁים אֹהֲבֵי עַצְמָם וְאֹהֲבֵי בֶצַע וּמִתְהַלְלִים וְגֵאִים וּמְגַדְּפִים וּמַמְרִים בַּאֲבוֹתָם וּכְפוּיֵי טוֹבָה וְלֹא חֲסִידִים. חַסְרֵי אַהֲבָה וּבוֹגְדִים וּמַלְשִׁינִים וְזוֹלְלִים וְאַכְזָרִים וְשֹׂנְאֵי טוֹב, וּמֹסְרִים

וּפֹחֲזִים וּגְבֹהֵי רוּחַ וְאֹהֲבֵי עֲדָנִים וְלֹא אֱלֹהִים, וַאֲשֶׁר דְּמוּת חֲסִידוּת לָהֶם וּמְכַחֲשִׁים בְּכֹחָהּ וְאַתָּה סוּר מֵאֵלֶּה.»

כיום אין אנשים האוהבים טוב- אלא שהם אוהבים כסף ותענוגות. הם מחפשים כיצד להיטיב עם עצמם ומבצעים חטאים ופשעים נוראיים הכוללים רצח וַהֲצָתּוֹת ללא כל היסוס או נקיפות מצפון. דברים אלו מתרחשים לעיתים דֵי קרובות סביבנו עד כי האנשים הפכו לחֲסרי כל תחושה, כך שמאומה אינו מפתיע כבר את מרבית האנשים. בְּראותנו את כל הדברים הללו- אין לאל ידינו להכחיש שהיסטוריית האנושית באמת מתקרבת לקיצה.

אף היסטוריית ישראל מרמזת לנו על סממני שיבת האדון וְאַחֲרִית הימים בְּבשורת מתתיהו פרק כ"ד 32:33 כתוב: «לִמְדוּ אֶת הַמָּשָׁל מִן הַתְּאֵנָה: כַּאֲשֶׁר עֲנָפֶיהָ מִתְרַכְּכִים וְהֶעָלִים צָצִים יוֹדְעִים אַתֶּם שֶׁהַקַּיִץ קָרוֹב. כֵּן גַּם אַתֶּם, כִּרְאוֹתְכֶם אֶת כָּל אֵלֶּה דְּעוּ כִּי קָרוֹב הוּא בַּפֶּתַח.»
ה«תאנה» כאן: מתייחסת לישראל. העץ נראה מת בחורף - אך כאשר מגיע האביב - הוא נובט שוב וַעֲנָפָיו צומחים ומניבים עלים ירוקים. באורח דומה: מאז חורבן ישראל שחל בשנת 70 לספירה- נדמה היה כאילו היא נעלמה כליל- עד שהכריזה ישראל על הקמת מדינת היודים העצמאית ב-14 במאי 1948.
דבר חשוב יותר הינו: שעצמאות ישראל כְּמדינה מצביע על כך: ששיבת ישוע קרובה מתמיד. לכן: על ישראל להבין: שהמשיח לו היא עדיין ממתינה- בא ארצה והפך למושיע האנושות - לפני כ: 2010 שנים. כמו כן על ישראל לזכור: שהמושיע ישוע המשיח- ישוב ארצה כשופט – במוקדם או בְּמאוחר.

אם כן בהתאם לנבואות התנ"ך:מה יתרחש עימנו – החיים בַּאַחֲרית הימים?

שיבת ישוע ארצה ולקיחת המאמינים השמיימה

לפני כ-2011 שנה:נצלב ישוע וקם מן המתים ביום השלישי לאחר ששבר את כוח המוות. לאחר מכן: הוא נלקח השמיימה לעיניי רבים שנכחו במקום והיו

עדים לְלקיחתו. בנוסף נאמר להם:

«אַנְשֵׁי הַגָּלִיל, לָמָּה אַתֶּם עוֹמְדִים וּמִסְתַּכְּלִים אֶל הַשָּׁמַיִם? יֵשׁוּעַ זֶה אֲשֶׁר נִשָּׂא מֵעֲלֵיכֶם הַשָּׁמַיְמָה – בּוֹא יָבוֹא בְּאוֹתוֹ אֹפֶן שֶׁרְאִיתֶם אוֹתוֹ עוֹלֶה לַשָּׁמַיִם» (מפעלות השליחים פרק א´11).

האדון ישוע : פתח את השער לִישועה דרך צליבתו ותחייתו. לאחר מכן : נלקח ישוע השמיימה והתיישב לימין כס אלוהים. כעת הוא מכין: משכנות שמימיים עבור הנושעים. כשהיסטורית האנושות תגיע אל קיצה ישוב ישוע ארצה על מנת לקחתנו אליו. ביאתו השנייה של ישוע מתוארת היטב באיגרת הראשונה לתסלוניקים פרק ד´16-17.

«שֶׁכֵּן הָאָדוֹן עַצְמוֹ יֵרֵד מִן הַשָּׁמַיִם בִּקְרִיאָה שֶׁל פְּקֻדָּה, בְּקוֹל שַׂר הַמַּלְאָכִים וּבְשׁוֹפַר אֱלֹהִים, וְהַמֵּתִים הַשַּׁיָּכִים לַמָּשִׁיחַ יָקוּמוּ רִאשׁוֹנָה. אַחֲרֵי כֵן אֲנַחְנוּ הַנִּשְׁאָרִים בַּחַיִּים נִלָּקַח יַחַד אִתָּם בָּעֲנָנִים לִפְגֹּשׁ אֶת הָאָדוֹן בָּאֲוִיר, וְכָךְ נִהְיֶה תָּמִיד עִם הָאָדוֹן.»

מה מלכותי יהא מראה: שיבת ישוע מן השמיים על: ענני הכבוד- מלווה במלאכים רבים וּבִצבא השמים! הנושעים ילבשו גוף רוחני אלמוותי ויפגשו את האדון באוויר ולאחר מכן יחֻגגו במשך 7 שנים את סעודת החתונה עם האדון – חתננו הנצחי.

הנושעים יילקחו באוויר ויפגשו את האדון זה נקרא: «הלקיחה השמיימה.» מלכות האוויר מתייחסת לחלק של גן העדן השני אותו אלוהים מכין עבור: סעודת החתונה בת ה-7 שנים.

אלוהים חילק את העולם הרוחני למספר חלקים, אחד מהם הינו: גן העדן השני- אשר אף הוא מחולק לשני אזורים – עדן שהוא-עולם האור ועולם החושך. בחלק של עולם האור ישנו: אזור מיוחד המוכן עבור: סעודת החתונה בת 7 השנים.

האנשים אשר קישטו עצמם באמונה להשגת ישועה בעולמינו המלא ברוע

וחטא, יילקחו באוויר ככלת האדון ולאחר מכן: יפגשו את האדון ויחֲגגו במשך 7 שנים את סעודת החתונה בשמיים:

«נָגִילָה וְנִשְׂמְחָה וְנִתֵּן לוֹ כָּבוֹד, כִּי בָּאָה חֲתֻנַּת הַשֶּׂה וְאִשְׁתּוֹ הֵכִינָה עַצְמָהּ. וְנִתַּן לָהּ לִלְבֹּשׁ בּוּץ טָהוֹר וְצַח, כִּי הַבּוּץ הוּא צִדְקוֹת הַקְּדוֹשִׁים. אָמַר אֵלַי:כְּתֹב: ‹אַשְׁרֵי הַקְּרוּאִים אֶל מִשְׁתֵּה חֲתֻנַּת הַשֶּׂה הוֹסִיף וְאָמַר לִי:אֵלֶּה הֵם דִּבְרֵי אֱמֶת שֶׁל אֱלֹהִים.» (חזון יוחנן פרק י»ט 7-9).

אלה שיילקחו באוויר ינוחמו במהלך סעודת החתונה על זאת: שניצחו את העולם באמונתם, בעת שהנותרים בארץ יסבלו סבל בלתי ניתן לביטוי ומצוקות מידי רוחות רעות אשר גורשו ארצה- בעת ביאתו השנייה של האדון.

שבע שנות הצרה הגדולה [צרת יעקב]

הנושעים ייהנו מ-7 שנות סעודת החתונה ויחַלמו על השמיים הנצחיים מלאי האושר המצפים וממתינים להם, בכל אותה עת צרות נוראות שלא היו במהלך היסטוריה כולה- תְּכַסֵּינָה את כל הארץ ודברים איומים יתרחשו.

אם כן:כיצד תתחיל הצרה הגדולה שתימשך 7 שנים? מאחר וַאֲדוננו ישוב באוויר ורבים יילקחו באוויר בו זמנית,-הנותרים בארץ יהיו כֹּה אחוזי פאניקה מחמת היעלמות בני משפחה, קרובים ושכנים- שהם יחלו לחפש אחריהם.

במהרה הם יבינו שמה שהמאמינים בישוע תיארו כ-«לקיחת המאמינים באוויר» – אכן התרחש. הם יזדעזעו מן המחשבה שהצרה הגדולה בת 7 השנים – תיפול עליהם כעת. הרגשת פאניקה וַחֲרָדה עזה תציפם וכשנהגי מכוניות וַרַכָּבות, טייסים, ימאים ומפעילי מכשירים אחרים יילקחו באוויר-תתרחשנה שריפות ותאונות רבות, בניינים יפלו והעולם יתמלא בתוהו ובוהו ובחוסר סדר מוחלט.

באותה העת יופיע אדם אשר ינחיל: שלום וסדר עולמי. הוא יהיה: מושל

האיחוד האירופי. הוא יאחד את הכוחות הפוליטיים, הכלכליים והארגונים הצבאיים. יחד עם הכוחות המאוחדים הלל - הוא יביא סדר, שלום וְיציבות לחברה העולמית. לכן: הרבה אנשים רבים ישמחו עם הופעתו בזירה העולמית, יברכו בהתלהבות את בואו, יתמכו בו בנאמנות ויעזרו לו במרץ.

אדם זה יהא לא אחר: מצורר המשיח אותו מתארים הכתובים-אותו אחד אשר יוביל את העולם אל שבע שנות הצרה הגדולה-זאת למרות שבמשך זמן מה הוא יֵרָאֶה כ-«שליח של שלום.» כשבעצם: צורר המשיח יביא סדר ושלום בשלבים המוקדמים של שבע שנות הצרה הגדולה. הכלי בו הוא ישתמש כדי להשגת מטרת השלום עולמי יהא: מספר החיה - «666»- עליו מדובר בכתובים:

«וְהִיא גּוֹרֶמֶת לְכָךְ שֶׁהַכֹּל, הַקְּטַנִּים וְהַגְּדוֹלִים, הָעֲשִׁירִים וְהָעֲנִיִּים, הַחָפְשִׁיִּים וְהָעֲבָדִים, יָשִׂימוּ לָהֶם תָּו עַל יַד יְמִינָם אוֹ עַל מִצְחָם, כְּדֵי שֶׁלֹּא יוּכַל אִישׁ לִקְנוֹת אוֹ לִמְכֹּר – אֶלָּא מִי שֶׁיֵּשׁ לוֹ הַתָּו, שֵׁם הַחַיָּה אוֹ מִסְפַּר שְׁמָהּ. בְּזֹאת הַחָכְמָה. מִי שֶׁבִּינָה לוֹ יְחַשֵּׁב נָא אֶת מִסְפַּר הַחַיָּה, כִּי מִסְפַּר אָדָם הוּא וּמִסְפָּרוֹ שֵׁשׁ מֵאוֹת וְשִׁשִּׁים וָשֵׁשׁ [תרסו]» (חזון יוחנן פרק י״ג 16-18).

מהו תו (סימן) הֶחַיָּה?

«החיה» מתייחסת למחשב. האיחוד האירופי יקים את ארגוניו הגדולים תוך כדי ניצול מחֲשבים. מחֲשבי האיחוד האירופי ינפיקו לכל אדם ברקוד [קוד-צופן המורכב מקווים ספרות ואותיות] שיופיע על ידו הימנית או על מצחו. הברקוד הינו: תו החיה. כל המידע האישי של כל אדם יקודד בברקוד, אשר יושתל בגופו. כשברקוד זה יושתל בגוף- יוכלו מחֲשבי האיחוד האירופי יוכלו להשגיח [לנטר], לפקח ולעקוב אחר כל צעד ושעל של כל אדם וָאדם.

כרטיסי האשראי ותעודות הזהות שלנו יוחלפו בתו החיה- ה-«666» וַאֲנשים לא יזקקו עוד לצ׳קים או לכסף מזומן. הכול בְּטענה שכעת אין להם כל סיבה לדאגה שמא ייאבדו את נכסיהם או שכספם ייגנב. נקודה זו תאיץ התפשטות תו החיה- «666» בכל העולם בזמן קצר מאוד, כך שמבלעֲדי תו זה לא תהא

90
עוּרי ישראל

לאנשים כל דרך להזדהות, למכור או לקנות דבר.

מתחילת שבע שנות הצרה הגדולה:יקבלו האנשים את תו החיה- אך לא יוכרחו לקבל אותו- זה יהא בגדר המלצה בלבד עד שהאיחוד האירופי יתבסס לחֲלוטין. כשמחציתן הראשונה של שבע שנות הצרה הגדולה תגיע לקיצה והאיחוד התבסס- יהא זה הזמן בו האיחוד האירופי ייכפה על כולם לקבל את תו החיה – לא תהא כל סליחה כלפי הסרבנים. כך שהאיחוד האירופי ייכפה על כולם באמצעות הו זה ויובילם כרצונו.

בסופו של דבר: רבים מהאנשים שיישארו בחיים במשך שבע שנות הצרה הגדולה – יהיו נתונים לשלטונו המוחלט של צורר המשיח וממשלת החיה. מאחר וצורר המשיח יהא נתון לשליטת השטן עצמו – יגרום האיחוד האירופי לאנשים להתנגד לאלוהים ויובילם בדרכי רשע, אי-צדק, חטא וחורבן.

למרות הכול: יהיו אנשים שלא ייכנעו לשלטון צורר המשיח – אלה יהיו- המאמינים באלוהים – שלא נלקחו השמיימה בביאתו השנייה של האדון – עקב זאת שאמונתם לא הייתה אמיתית במידה מספקת.חלקם קיבלו את האדון בזמנו וחיו בחסד אלוהים, אך לאחר מכן: איבדו את חסדו כשחזרו אל העולם. יהיו גם אלה שהאמינו במשיח והתחַברו בִּקהילה – אך חיו בתאוות העולם ולא החזיקו באמונה רוחנית. כמו כן: יהיו אלה: שרק לאחֲרונה קיבלו את האדון ישוע המשיח ויהיו גם אלה מבני ישראל אשר: יקיצו משנתם הרוחנית דרך הלקיחה השמיימה של המאמינים.

בעת שיֶחֱזוּ במציאות לקיחת המאמינים השמיימה - הם יבינו שכל דברי התנ״ך והברית החדשה הינם אמת- וִיקוננו בַּהַכּוֹתָם על חטא. פחד עצום ילכוד אותם, הם יתחרטו על שלא חיו על פי רצון אלוהים וְינסו למצוא דרך להיוושע.

כל המקבל על עצמו את תו החיה ייאלץ לציית לצורר המשיח המתנגד לאלוהים. לכן מדגישים הכתובים שכל המקבל את התו- אינו יכול להיוושע. במהלך הצרה הגדולה: אלה שיהיו מודעים לעובדה זו – יעשו כל מאמץ שלא לקבל את תו החיה-בזאת הם יוכיחו את אמונתם:

«מַלְאָךְ אַחֵר, שְׁלִישִׁי, בָּא אַחֲרֵיהֶם וְקָרָא בְּקוֹל גָּדוֹל: «כָּל הַמִּשְׁתַּחֲוֶה לַחַיָּה

91

צְפוּ וְהַקשיבוּ!

וּלְצַלְמָהּ וּמְקַבֵּל תָּו עַל מִצְחוֹ אוֹ עַל יָדוֹ גַּם הוּא יִשְׁתֶּה מִיֵּין חֲרוֹן אֱלֹהִים הַמָּזוּג בְּכוֹס זַעְמוֹ וְאֵינֶנּוּ מָהוּל וִיעֻנֶּה בְּאֵשׁ וְגָפְרִית לִפְנֵי הַמַּלְאָכִים הַקְּדוֹשִׁים וְלִפְנֵי הַשֶּׂה. עֲשַׁן עִנּוּיָם יַעֲלֶה לְעוֹלְמֵי עוֹלָמִים וְלֹא תִּהְיֶה לָהֶם מְנוּחָה יוֹמָם וָלַיְלָה - לַמִּשְׁתַּחֲוִים לַחַיָּה וּלְצַלְמָהּ וּלְמִי שֶׁמְּקַבֵּל אֶת תַּו שְׁמָהּ. בָּזֶה סַבְלָנוּתָם שֶׁל הַקְּדוֹשִׁים הַשּׁוֹמְרִים אֶת מִצְווֹת אֱלֹהִים וֶאֱמוּנַת יֵשׁוּעַ» (חזון יוחנן פרק י"ד 9-12).

זהות צורר המשיח תיחשף בבירור. אלה שיתנגדו לְמדיניותו וְיסרבו לקבל את התו – הוא יכלילם בתור גורמים מזהמים בחברה וְייפטר מהם עקב היותם מתנגדי השלום החברתי. הוא יאלצם להתכחש לְישוע המשיח וּלקבל את תו החיה. במידה ויתנגדו- יחוו רדיפות קשות ואף מות קדושים.

ישועה דרך מות קדושים על סירוב לקבל את תו החיה

הייסורים אותם יעברו אלה שיסרבו לקבל את תו החיה במהלך שבע שנות הצרה הגדולה אינם ניתנים לתיאור. הסבל יהא מדכא מכדי לשאתו- לכן יהיו רק מעט אנשים שיעמדו בו וְיקבלו: הזדמנות אחרונה להיוושע. חלק מן האנשים יֹאמר: «אינני זונח את אמונתי באדון. אני עדיין מאמין בו בכל ליבי. העינויים כה מכניעים שאתכחש לאדון- אך רק בפי. אלוהים יבינני וְיושיעני.» לאחר מכן הם יקבלו את תו החיה. אך ישועתם לא תהא תקפה יותר.

לפני מספר שנים- בעת שהתפללתי- הראני אלוהים בחזון: איכה יעונו אלה שיתנגדו לקבל את תו החיה בתקופת הצרה- הגדולה. היה זה: מראה מזעזע! המייסרים הפשיטו את עור המסרבים, שברו את כל המפרקים בגופם, קטעו אצבעות, בהונות, ידיים ורגליים ושפכו שמן רותח על גופם.

במהלך מלחמת העולם השנייה נודע על: טבח ועינויים נוראים אשר התרחשו בעת ביצוע ניסויים רפואיים על בני אדם. העינויים הללו אינם עומדים כלל להשוואה עם אלה שייחוו אנשים בעת שבע שנות הצרה הגדולה. לאחר לקיחת המאמינים השמיימה - צורר המשיח שבעצם מאוחד עם השטן עצמו - ישלוט

בעולם ללא שמץ של חמלה או רחמים כלפי אדם כלשהו.

השטן-האויב וכוחות צורר המשיח ישכנעו אנשים בכל צורה שהיא להתכחש לִישוע בכדי שיגיעו לגיהינום. הם יענו מאמינים, אך לא יהרגום באופן מיידי – אלא ישתמשו בשיטות עינוי מתוחכמות ואכזריות-המערבות מכשירי עינוי חדישים.שיטות אלה תבאנה את המאמינים לסף בהלה וּכאב אותו טרם הכִּירו. אך למרות הכול יימשכו העינויים.

המעונים יַחְפְּצוּ במוות מהיר – אך צורר המשיח לא יהרוג אותם במהרה והם ידעו כי מוות בהתאבדות לעולם לא יוביל לִישועה.

בחזון הראני אלוהים:שמרבית האנשים הללו לא יוכלו לסבול את הכאב מהעינויים וימסרו עצמם לידי צורר המשיח. לזמן מה, יַעֲמוד חלקם איתן ויתאמץ להתגבר על העינויים בעזרת רצון עז – אך כשיראו את ילדיהם האהובים או הוריהם מעונים כמוהם, הם ייטשו כל מאמץ להתנגד ייכנעו לצורר המשיח וִיקבלו על עצמם את תו החיה.

בין המעונים יהיו גם אנשים ישרים בעלי לב נאמן אשר יתגברו על העינויים הנוראים ופיתוייו המתוחכמים של צורר המשיח – אלה יהיו האנשים אשר ימותו מות קדושים. לכן:השומרים על אמונתם דרך מוות על קידוש השם בעת הצרה הגדולה – יזכו להשתתף במצעד הישועה.

הדרך לִישועה מן הצרה הגדולה הקרֵבה לבוא

בְּפרוץ מלחמת העולם השנייה-אותם יהודים-אשר עד אז חיו חיים שלווים בגרמניה-לא חשדו כלל שקטל כה נוראי כטבח של 6 מיליון אנשים מצפה להם. אף אחד לא ידע או היה מסוגל לחֲזות שאותה גרמניה אשר סיפקה עד כה שלום וִיציבות יחסית -תשתנה בתוך זמן קצר – אל תוך כוח רשע מעיין זה.

באותה עת: אי ידיעת ההולך להתרחש - הפכה את היהודים לחסרי אונים ונבצר מהם לעשות דבר בכדי למנוע את סבלם הֶעָצום. אלוהים חָפץ שעמו הנבחר יוכל להימנע מן הָאָסון הֶקרב. לכן נתן אלוהים תיאור כה מפורט בכתובים: על אחרית

הימים והדריך אנשי אלוהים להזהיר את בני ישראל מן הצרה הגדולה ולעורר אותם.

הדבר הֶחָשוב ביותר שעל ישראל לדעת הינו: שאת אסון תקופת הסבל והמצוקה הינו:בלתי ניתן למניעה- ובמקום הימלטות-תמצא ישראל את עצמה במרכז הצרה הגדולה. בִּרצוני לתת לכם להבין כי הצרה הגדולה תבוא בקרוב מאודְ ותיפול עלינו כגנב אם איננו מוכנים לה. עלינו להתעורר משנתנו הרוחנית אם ברצוננו להימלֵט מן הָאָסון הנורא.

זהו הרגע בו: על ישראל להתעורר! על ישראל: לשוב בְּתשובה על שלא הכירו במשיח ולקבל את ישוע המשיח כמושיע האנושות. על ישראל: להתמלא באמונה אמיתית אותה חפץ אלוהים למצוא בם -בכדי שיילקחו בשמחה בשוב האדון מן השמיים.

מפציר אני בכם לקחת בחשבון שצורר המשיח יופיע בפניכם: כְּשליח של שלום, בדיוק כשם שעשתה זאת גרמניה לְזמן מה בטרם פרוץ מלחמת העולם השנייה. הוא יציע שלום ונחמה אך במהרה יהפוך צורר המשיח לבעל כוח רב אשר ילך ויגדל עם הזמן ויביא סבל וחורבן מעל ומעבר לכל דמיון.

עשרת הבהונות

הכתובים מלאים בִּפסוקים נבואיים המכילים בתוכם את אשר יתרחש בעתיד. במיוחד: אם נביט על הנבואות הכתובות בתנ"ך על ידי הנביאים הגדולים – המספרים לנו לא רק על עתיד ישראל – אלא על עתיד העולם כולו. מהי לדעתכם הסיבה לכך? ישראל-עמו הנבחר של אלוהים-היה הוֹוֶה ותמיד יהיה בלב ליבה של ההיסטוריה האנושית.

הצלם הגדול המוזכר בנבואת דניאל

ספר דניאל מנבא לא רק על עתיד ישראל - אלא גם מה יתרחש בעולם באחרית הימים ביחס לקץ ישראל. בספר דניאל פרק ב׳ 31-33 מפרש דניאל את חלומו של נבוכדנאצר תחת השראה אלוהית והפירוש הינו גם נבואה על הֶעָתיד להתרחש בַּאחרית הימים בעולם:

«אתה, המלך, ראית, והנה צלם אחד גדול, צלם ענק אשר זהרו חזק מאוד, עמד לפניך ומראהו היה נורא. ראש הצלם זהב טהור, חזהו וזרועותיו כסף, בטנו וירכיו נחושת. שוקיו ברזל ורגליו חלקן ברזל וחלקן חרס» (דניאל ב׳33-31).

אם כן: מה מנבאים הפסוקים הללו על מצב העולם באחרית הימים?

«צלם אחד גדול» שהמלך נבוכדנאצר ראה בחלומו הינו לא אחר מאשר האיחוד האירופי. כיום העולם נשלט על ידי שתי מעצמות – ארצות הברית והאיחוד האירופי. כמובן שלהשפעת רוסיה וסין לא ניתן להתייחס בביטול. אך ארצות הברית והאיחוד האירופי עדיין מהוות כוח רב השפעה בעולם בתחומי

הכלכלה והחוזק הצבאי.

כרגע: נדמה כאילו האיחוד האירופי די חלש -אך הוא ילך ויתחַזק בהרחבתו. כיום אין לאף אחד ספק בכך. עד עתה – ארצות הברית הייתה באופן בלעדי האומה המובילה והבולטת בעולם, אך בהדרגה האיחוד האירופי יבלוט בעולם יותר מאשר ארצות הברית.

עד לפני מספר שנים – אף אחד לא דִּמיין שארצות אירופאיות יכולות להתמזג ולהתאחד למערכת שלטונית אחת. כמובן:שארצות באירופה דנו בהקמת האיחוד האירופי במשך זמן רב – אך אף אחד לא היה בטוח שהם תוכלנה להתעלות על מגבלות הזהות הלאומית, השפה, המטבע ומגבלות רבות אחרות – על מנת ליצור גוף אחד מאוחד.

אך משלהי שנות השמונים: מנהיגי מדינות אירופאיות החלו לדון בנושא בִּיֶתֶר רצינות מחמת דאגות כלכליות. במהלך המלחמה הקרה – הכוח העיקרי שהורה על שליטה בעולם היה חוזקה הצבאי של מדינה – אך לאחר תום המלחמה הקרה - הכוח העיקרי התחלף מחוזק צבאי – לחוזק כלכלי.

על מנת להתכונן לכך: מדינות אירופה ניסו להתאחד וכתוצאה הן הפכו לאיחוד כלכלי. כעת: הדבר היחיד שנותר הינו להתאחד פוליטית, להביא את כל המדינות תחת מערכת שלטונית אחת והמצב כעת דוהר בדיוק לכך.

«צלם ענק אשר זהרו חזק מאוד, עמד לפניך ומראהו היה נורא,» אשר דניאל מדבר עליו בפרק ב׳31 – מנבא על צמיחת ופעילות האיחוד האירופי. הנבואה אומרת לנו עד כמה חזק ורב עוצמה יהא האיחוד האירופי באמת.

האיחוד האירופי יְחַזיק בכוח רב

כיצד אם כן יוכל האיחוד האירופי להחזיק בכוח רב שכזה? דניאל פרק ב׳32 והילך נותן לנו תשובה המסבירה ממה עשויים: ראשו, חזהו, זרועות, בטנו, ירכיו, רגליו וכפות רגליו של הצלם.

ראשית פסוק 32 אומר: «ראש הצלם זהב טהור.» – זה מנבא שהאיחוד האירופי ישתפר מבחינה כלכלית ויְחזיק בכוח כלכלי דרך צבירת הון. כפי שמנובא כאן: האיחוד האירופי יפיק תועלת ויניב רווחים גדולים דרך אחדות כלכלית.

שנית פסוק 33 אומר:«חזהו וזרועותיו כסף.» – זה מסמל שהאיחוד האירופי יראה את איחודו החברתי, התרבותי והפוליטי. כשנשיא אחד ייבחר לייצג את האיחוד האירופי- זה ישיג אחדות פוליטית חיצונית – וְיאחד גם בהיבטים החברתיים ותרבותיים. אך במסגרת אחדות שאינה שלמה- כל אחד מחברי האיחוד יחפש להפיק תועלת כלכלית לעצמו.

לאחר מכן כתוב: «בטנו וירכיו נחושת.» – זה מסמל את האחֲדות הצבאית אותה ישיג האיחוד האירופי. כל מדינה באיחוד תרצה להיות בעלת כוח כלכלי. האחֲדות הצבאית במהותה תהא למטרת תועלת כלכלית, אשר תהווה מטרה סופית. על מנת לשלוט בכוח שישלוט בעולם באמצעות עוצמה כלכלית- לא תהא ברירה, – אלא להתאחד גם בתחום החברתי, התרבותי, הפוליטי והצבאי.

לבסוף כתוב: « שוקיו ברזל.» זה מתייחס ליסוד מוצק נוסף אשר יְחַזק ויתמוך באיחוד האירופי דרך אחֲדות דתית. בשלבים המוקדמים :יכריז האיחוד האירופי על הקתוליות כעל דתו הרשמית. הקתוליות תתחזק ותהפוך למנגנון תמיכה המִתחַזֵק וּמִתְגַּבֵּר את האיחוד.

המשמעות הרוחנית של עשרת הבהונות

כשהאיחוד האירופי יצליח לאַחד מדינות רבות בִּתחומי השפעתם כגון: כלכלה, פוליטיקה, תרבות, צבא ודת-זה יציג בתחילה לראווה את אחֲדותו וכוחו הגדֵל – אך בהדרגה הם יתחילו לחוש בסימני חוסר הרמוניה ופירוק.

בְּשלביו המוקדמים של האיחוד האירופי-תתאחדנה מדינות האיחוד עקב נכונותן לוותר זו לזו למען תועלת כלכלית משותפת. אך עם חלוף הזמן יצוצו:

אי הסכמה והבדלים בנושאים חברתיים, תרבותיים, פוליטיים ואידיאולוגיים ויופיעו סימני פילוג שונים. לבסוף: יבצבצו מאבקים דתיים – בין הקתולים לפרוטסטנטים.

בדניאל פרק ב׳ 33 כתוב: «...ורגליו חלקן ברזל וחלקן חרס.» – זה אומר שחלק מעשרת הבהונות עשויי מברזל ואילו חלק אחר מחרס. עשר הבהונות לא מתייחסות ל:«עשר מדינות אירופאיות». הן מתכוונות ל-«5 מדינות המייצגות את הדת הקתולית ו-5 מדינות המייצגות את הדת הפרוטסטנטית.»

בדיוק כשם שברזל וחרס אינם ניתנים לעִרבוב ולשלוב –כך: המדינות בהם הדת הקתולית שולטת ואלה בהן הפרוטסטנטית שולטת אינן יכולות להתאחד יַחְדיו לחֲלוטין - ומדינות אשר בולטות יותר ואלו הבולטות פחות אף הן אינן יכולות להתאחד יַחְדיו.כשסימני הפילוג באיחוד האירופי ירבו- תחושנה המדינות הללו את הצורך הגובר לאחד את המדינות- בדת והקתוליות תזכה ליותר כוח במרבית המקומות.

לכן:האיחוד האירופי יוקם באחֲרית הימים למטרת תועלת משותפת – ואז ישיגו כוח רב. לאחר מכן: האיחוד האירופי יאחד את הדתות לאחת – קתולית ואַחֲדוּת האיחוד האירופי תהא חזקה יותר. כשלבסוף יְחֲשוף האיחוד האירופי את עצמו כאליל [צלם]. אלילים הינם גופי סגידה ויראה עבור אנשים. במובן זה: האיחוד האירופי יוביל את הזרם העולמי עם כוח עצום וימלוך על העולם כאליל רב עוצמה.

מלחמת העולם השלישית והאיחוד האירופי

כמוזכר דלעיל: כשישוב אדוננו אל העולם באחֲרית הימים – בו זמנית יילקחו השמיימה מאמינים רבים וחוסר סדר אדיר יתחולל בעולם. בינתיים – האיחוד האירופי יצבור כוח וישלוט בעולם למען שמירת השלום והסדר העולמי, אך מאוחר יותר יתנגד האיחוד האירופי לאדון ויתחילו: שבע שנות הצרה הגדולה.

לאחר מכן: חברי האיחוד האירופי ייפרדו מאחר וכל אחד מהם יחפש תועלת

עצמית. זה יקרה במחצית שבע שנות הצרה הגדולה. ראשית הצרה הגדולה כשם שניבא דניאל בפרק י״ב תהא: בהתאם להשתלשלות אירועי היסטוריית ישראל והעולם.

רק לאחר שתתחלנה שבע שנות הצרה הגדולה-יקבל האיחוד האירופי כוח ועוצמה במידה הולכת וגוברת. הם יבחרו בְּנשיא האיחוד. זה יתרחש בדיוק לאחר שאלה שקיבלו את ישוע המשיח כמושיע וקיבלו את הזכות להיקרא: בני אלוהים-ישתנו ויילקחו כהרף עין השמיימה בעת ביאתו השנייה של האדון.

מרבית היהודים אשר לא קיבלו את ישוע כמושיעם- יישארו על הארץ ויסבלו בשבע שנות הצרה הגדולה. ייסורי וזוועות של הצרה הגדולה יהיו בלתי ניתנים לתיאור. הארץ תימלא במראות שוברי לב כגון: מלחמות, רצח, הוצאות להורג, רעב, מחלות וַאֲסונות קיצוניים יותר מכל דבר אחר בהיסטוריה האנושית.

תחילת שבע שנות הצרה הגדולה תסומן על ידי מלחמה שתפרוץ בין ישראל ומדינות המזרח התיכון. במשך תקופה ארוכה ביותר שרר מתח רב בין ישראל לְמדינות המזרח התיכון ומאבקי גבול מעולם לא יושבו. בעתיד: הויכוח הזה רק יחמיר. מלחמה קשה תפרוץ מאחר והכוחות בעולם יתערבו בענייני נפט. הם יסתכסכו עקב רצון כל אחד מהם לקבל תואר גבוה יותר ויתרון רב בעניינים בינלאומיים.

במשך זמן רב ארצות הברית הייתה בעלת ברית של ישראל ותמכה בה. האיחוד האירופי-המתנגד לארה״ב, סין ורוסיה-יכרות ברית עם המזרח התיכון וזה יגרום לְפריצת מלחמת העולם השלישית בין שני הצדדים.

מלחמת העולם השלישית תהא שונה לגמרי במימדיה ממלחמת העולם השנייה. במלחמת העולם השנייה למעלה מ-50 מיליון איש נהרגו או מתו. כעת כוח ועוצמת הנשק המודרני הכולל: פצצות גרעיניות, נשק כימי וביולוגי וכיוצא בזה – אינו עומד כלל להשוואה לאלו שעמדו לְרשות המדינות במלחמת העולם השנייה. התוצאה מהשימוש בנשק זה תהא מחרידה והרסנית מעל ומעבר לכל דמיון.

כל סוגי הנשק כְּפצצות גרעיניות ונשק משוכלל וחדיש שהומצא במשך הזמן

- ינוצל בחוסר רחמים- אשר יביא לחורבן נֶטבח בלתי ניתן לתיאור. המדינות שתיקחנה חלק במלחמה זו- תיחָרֵבנה ותִתְרושׁשנה לחֲלוטין. אך לא יהא זה סוף המלחמה. רדיואקטיביות וזיהום רדיואקטיבי יבואו לאחר פיצוץ גרעיני- בנוסף לשנוי אקלים בִּקנה מידה רציני וַאֲסונות שיכסו את פני כדור הארץ. כתוצאה מזאת: כדור הארץ הכולל את המדינות שנטלו חלק במלחמה יחווה גיהינום עלי האדמות.

תוך כדי כך תֶּחֱדַלנה המדינות מתקיפות בנשק גרעיני מחמת הֶחָשָׁש ששימוש נוסף בנשק זה יאיים על קיום האנושות. אך כל נשק אחר וצבאות גדולים יגבירו את הלחימה. ארצות הברית, סין ורוסיה לא תוכלנה להתאושש.

מרבית מדינות בעולם תהיינה על סף התמוטטות, אך האיחוד האירופי יימלט מרוב הנזק ההרסני. האיחוד האירופי יבטיח לסין ורוסיה את תמיכתו, אך בעת המלחמה לא ישתתף האיחוד באופן פעיל בלחימה ולפיכך לא יסבול מאבידות גדולות כמו המדינות האחרות.

כשכוחות עולמיים רבים ובכללם ארה"ב-יסבלו מאובדן עצום ויאבדו את כוחם במערבולת לחימה חסרת תקדים-יהפוך האיחוד האירופי לברית לאומית חזקה ביותר שתשלוט בעולם מעתה. בתחילה פשוט יִצפה האיחוד האירופי פשוט יצפה בהתקדמות המלחמה וכאשר מדינות אחרות תיהרסנה לחֲלוטין מבחינה כלכלית וצבאית-יהא זה הזמן בו יכנס האיחוד האירופי לזירה ויחל ליישב את המלחמה. לְמדינות אחרות לא תיוותר ברירה אלא לקבל את החְלטות האיחוד האירופי מאחר והן עצמן איבדו כל כוח.

מאותה רגע ואילך: תחל המֶחֱצית השנייה של שבע שנות הצרה הגדולה- ובמשך שלוש וחצי השנים הבאות צורר המשיח-אשר ישלוט באיחוד האירופי- ישלוט אף בעולם כולו ויכריז על עצמו כאל. צורר המשיח יְיַעֲנֶה וירדוף את מתנגדיו.

ישראל וַחֲשִׂיפַת טבעו האמיתי של צורר המשיח

בִשלביה המוקדמים של מלחמת העולם השלישית-תִסָבּוֹלְנָה מספר מדינות מאובדן עצום כתוצאה מן המלחמה. האיחוד האירופי יבטיח להן תמיכה כלכלית דרך סין ורוסיה. ישראל תוקרב כמוקד המרכזי של המלחמה והאיחוד האירופי יבטיח לבנות את בית המקדש השלישי לאלוהים, דבר לו ישראל משתוקקת יותר מכל. במחווה פייסני זה מצד האיחוד האירופי-תַחֲלום ישראל על תחיית הכבוד האבוד ממנו נהנו בברכת אלוהים לפני זמן כֹּה רב. כתוצאה מזאת: היא אף תַחְתּוֹם ברית עם האיחוד האירופי.

עקב תמיכתו בישראל, נשיא האיחוד האירופי ייחשב למושיע העם היהודי. המלחמה המתמשכת במזרח התיכון תבוא לקיצה והם ישובו לשקם את ארץ הקודש ולבנות את בית המקדש השלישי לאלוהים. הם יאמינו שמשיחם ומלכם-לו ציפו דורות רבים –הגיע לבסוף והוא ישקם את ישראל וִיפארה.

אך ציפיותיהם כמו גם שמחתם תִתְנַפֵּצְנָה בִּמהרה. כשבית המקדש ייבנה מחדש בִירושלים-יקרה דבר בלתי צפוי. דניאל ניבא זאת בספרו:

«וְהִגְבִּיר בְּרִית לָרַבִּים שָׁבוּעַ אֶחָד וַחֲצִי הַשָּׁבוּעַ יַשְׁבִּית זֶבַח וּמִנְחָה וְעַל כְּנַף שִׁקּוּצִים מְשֹׁמֵם וְעַד-כָּלָה וְנֶחֱרָצָה תִּתַּךְ עַל-שֹׁמֵם» (דניאל פרק ט׳27).

«וּזְרֹעִים מִמֶּנּוּ יַעֲמֹדוּ וְחִלְּלוּ הַמִּקְדָּשׁ הַמָּעוֹז וְהֵסִירוּ הַתָּמִיד וְנָתְנוּ הַשִּׁקּוּץ הַמְשׁוֹמֵם» (דניאל פרק י״א 31).

«וּמֵעֵת הוּסַר הַתָּמִיד וְלָתֵת שִׁקּוּץ שֹׁמֵם יָמִים אֶלֶף מָאתַיִם וְתִשְׁעִים» (דניאל י״ב 11).

כל הפסוקים הללו מרמזים על אירוע משותף אחד. זהו האירוע שיתרחש בַּאַחֲרִית הימים.

ישוע דיבר על אַחֲרִית הימים בִּבשורת מתתיהו פרק כ״ד 15-16: «לָכֵן כַּאֲשֶׁר תִּרְאוּ אֶת הַשִּׁקּוּץ הַמְשֹׁמֵם, כַּנֶּאֱמָר בְּפִי דָּנִיֵּאל הַנָּבִיא, עוֹמֵד בְּמָקוֹם קָדוֹשׁ – עַל הַקּוֹרֵא לְהָבִין – אֲזַי הַנִּמְצָאִים בִּיהוּדָה, שֶׁיָּנוּסוּ אֶל הֶהָרִים.»

בְּתחילה יאמינו בני ישראל:שהאיחוד האירופי יבנה לאלוהים מחדש בארץ הקודש את בית המקדש אשר נֶחֱשב בעיניהם לקדוש – אך כאשר לבסוף תוּעֲמד התועבה בקודש הקודשים- הם יהיו המומים ביותר כי יבינו שאמונתם הייתה שגוייה. הם יבחינו שהם הפנו את עיניהם מישוע שהוא בעצם משיחם ומושיע האנושות.

זוהי בדיוק הסיבה מדוע על ישראל להתעורר כעת. אם ישראל לא תתעורר כעת – היא לא תוכל להבחין ברגע הנכון באמת. אף אם תבין ישראל את האמת- זה יהיה מאוחר מדי מכדי לשנות דבר.

רצוני בַּעֲבוּרֵךְ- ישראל- שתתעוררי בכדי שלא תיפלי ברשת פיתויי צורר המשיח ושלא תקבלי את תו החיה. אם צורר המשיח ירמה אותך בִּדבריו החלקלקים והמפתים המבטיחים שלום ושגשוג ותקבלי את תו החיה – «666», זה יוביל אותך לדרך של מוות נצחי שאין להשיבו.

דבר נוסף המעורר חמלה יותר הינו: שרק לאחר שתיחָשף זהות החיה – כפי שניבא דניאל – רבים מבני ישראל יבינו סוף סוף שמוקד אמונתם היה שגוי. לאור ספרי זה:רב רצוני שתקבלו את המשיח : שנשלח זה מכבר על ידי אלוהים ותימנעו מלעבור את שבע שנות הצרה הגדולה.

לכן: כפי שכבר אמרתי כבר דלעיל: עליכם לקבל את ישוע המשיח ולהתמלא באמונה הראויה בעיני אלוהים. זוהי הדרך היחידה בה תוכלו להימלט משבע שנות הצרה הגדולה.

מה נורא יהא זה אם-לא תילקחו השמיימה ותישארו מאחור בעולם בעת ביאתו השנייה של האדון! אך למרבית המזל תקבלו הזדמנות אחרונה לִישועתכם.

תחינה לי אליכם שתקבלו את ישוע המשיח באופן מיידי ושתחיו בהתחברות עם אחים וַאֲחָיות במשיח. אף כעת אין זה מאוחר בעֲבורכם ללמוד דרך הכתובים ודרך ספר זה :כיצד תוכלו לשמור על אמונתכם בתקופת הצרה הגדולה הקרבה לבוא- וכיצד הכין אלוהים בעֲבורכם: הזדמנות אחרונה להיוושע והדרכה ממשית לכך.

אהבתו האינסופית של אלוהים

אלוהים מימש את תוכניתו עבור האנושות דרך ישוע המשיח ובלי קשר לגזע ועם- כל המקבל את: ישוע כמושיעו ועושה את רצון אלוהים- הופך לבן אלוהים ויכול ליהנות כעת מחיי עולם.

אך מה קרה לישראל ולעמו הנבחר של אלוהים? רבים מהם לא קיבלו את ישוע המשיח והתרחקו מדרך הישועה. כמה חבל שהם לא יבינו שדרך הישועה עוברת דרך ישוע המשיח – אף כשהאדון ישוב באוויר ובני אלוהים הנושעים יילקחו השמיימה!

אם כן: מה יעלה בגורל ישראל- עמו הנבחר של אלוהים? האם הם לא יוכללו במצעד בניו/ובנותיו הנושעים של אלוהים? אלוהיי האהבה תִּכנן תוכנית מופלאה עבור ישראל אשר תצא לפועל בשלהי היסטורית האנושות:

«לֹא אִישׁ אֵל וִיכַזֵּב וּבֶן-אָדָם וְיִתְנֶחָם הַהוּא אָמַר וְלֹא יַעֲשֶׂה וְדִבֶּר וְלֹא יְקִימֶנָּה» (במדבר פרק כ״ג 19).

מהי תוכנית אלוהים עבור ישראל באחרית הימים? אלוהים רצה שבני ישראל יבינו שאותו ישוע אותו הם צלבו: הוא אותו משיח לו ציפו מזה זמן רב וכתוצאה:ישובו בתשובה מחטאותיהם לפני אלוהים וייוושעו.

קציר [לקיטת] הישועה

במהלך שבע שנות הצרה הגדולה: יהיו אנשים אשר יהיו עדים ללקיחה-של רבים מן האנשים שקיבלו את האמת השמיימה. אלה שיִיוותרו על הארץ יאמינו וִיקבלו בליבם את מציאות של גן העדן והגיהינום, שאלוהים חי ושישוע המשיח

הינו המושיע היחיד. יתרה מזאת:הם יתאמצו לא לקבל את תו החיה. לאחר הלקיחה של המאמינים השמיימה-הם ישתנו-ו יקראו את דברי של אלוהים הרשומים בכתובים, יתאספו יַחְדיו,יהללו את אלוהים וישתדלו לחיות על פי דבר אלוהים.

בשלביה המוקדמים של הצרה הגדולה: אנשים רבים עדיין יוכלו לחיות חיי חסידות ואף לבשר לאחרים-זאת מאחר ורדיפות מאורגנות לא תְּהֱיֶינָּה עדיין. הם לא יקבלו את תו החיה מאחר ויֵדעו שלא ייוושעו באם יְקבלו את התו – ובכל ליבם ישתדלו לחיות חיים הראויים לְישועה- במשך הצרה הגדולה. אך זה יהא קשה ביותר לשמור על האמונה באותה העת-מאחר ורוח הקודש עזבה את העולם.

רבים מהם יזילו רוב דמעות מאחר ולא יִיוָותֵר מי שידריך אסיפות הלל והשתחֲוויה- ומי שיעזור להם לגדול באמונה. יהא עליהם לשמור על אמונתם ללא הגנת וכוח אלוהים. הם יתאבלו עקב החרטה על שלא התהלכו לפי דבר אלוהים למרות שנאמר להם שעליהם לקבל את ישוע המשיח ולחיות חיים נאמנים. יהא עליהם לשמור על אמונתם תחת ניסיונות ורדיפות בעולם בו רמת הקושי למצוא את דבר אלוהים האמיתי תִּהְיֶה גבוהה.

חלקם יתחבאו עמוק בהרים מרוחקים על מנת שלא לקבל את תו החיה: «666». יהא עליהם לחפש שורשי צמחים ועצים ולהרוג חיות על מנת לשרוד- זאת מאחר וייבצר עליהם למכור או לקנות דבר בלי תו החיה. אך במהלך מחציתה השנייה של הצרה הגדולה- במשך שלוש וחצי שנים- צבא צורר המשיח ירדוף מאמינים בצורה חמורה וקפדנית. לא חשוב באילו הרים מרוחקים הם יתחבא – צבא צורר המשיח ימצאם וייקחם.

ממשלת החיה תמצא את אלה שלא קיבלו את תו החיה ותאלצם להתכחש לאדון ואף לקבל את התו – בעינויים קשים ביותר. לבסוף: רבים מהם ייכנעו ובלֵית ברירה יקבלו את תו החיה עקב אי יכולתם להמשיך להתמודד עם הכאב המחריד והזוועות.

הצבא יתלה אותם עירומים על הקיר וידקרם בכל חלקי גופם במקדת. הם

יפשטו את עורם מכף רגלם ועד ראשם – ויענו את ילדיהם לנגד עיניהם. העינויים אותם המאמינים הללו על ידי הצבא יהיו אכזריים בצורה קיצונית עד שיהא זה קשה בעֲבורם לעֲברם בכדי למות-מות קדושים.

לכן: רק מתי מספר יעמדו בכל העינויים בזכות כוח-הרצון העז שלהם שיתעלה על מגבלות כוח אנושי וימותו מוות למען קידוש השם ייוושעו ויגיעו השמיימה. במילים אחרות: חלק מאנשים ייושע דרך אי נטישת אמונתם, אי התכחשותם לאדון והקרבת חייהם כְּקדושים תחת שלטון צורר המשיח בתקופת הצרה הגדולה. זה נקרא: קציר הישועה.

לאלוהים ישנו: סוד כמוס אותו הכין לקראת קציר ישועת ישראל- עמו הנבחר של אלוהים. סוד זה הינו:שני העדים והמקום: פטרה.

הופעת ושירות שני העדים

בחזון יוחנן פרק י״א 3 כתוב: «וְאֶתֵּן לִשְׁנֵי עֵדַי וְיִנַּבְּאוּ אֶלֶף וּמָאתַיִם וְשִׁשִּׁים יָמִים וְהֵם לְבוּשֵׁי שַׂקִּים.» שני העדים הינם: אותם אנשים שאלוהים ייעד בתוכניתו טרם בריאת העולם: להביא את הישועה לישראל-עמו הנבחר של אלוהים. הם יעידו ליהודים בישראל שישוע המשיח הינו: המשיח האחד והיחיד – עליו נובא בתנ״ך.

אלוהים דיבר אליי בנוגע לִשני העדים. הוא הסביר לי שהם אינם מבוגרים, מתהלכים בְּצדקה וּבעֲלי לב ישר. אלוהים הראני:אילו ווידויים יביא אחד מהם בפני אלוהים. וידויו אומר שהוא: האמין ביהדות- אך שמע שרבים מאמינים שישוע המשיח הינו המושיע וּמדברים עליו- והוא מתפלל לאלוהים שיַעֲזור לו להבחין מהי האמת:

״או, אלוהים!

מדוע ליבי כה מוטרד?

מאז היותי ילד האמנתי בכל ליבי במה שלימדוני הוריי וּבמה ששמעתי מהם.

אך אני עדיין מוטרד בליבי על דברים אלו. מדוע זה כך?

אנשים רבים מדברים על המשיח הם מפיצים עליו דבר.

מה נכון ומה לא נכון בעֲבורי להאמין בדבריהם עליו? או שמא עליי לקבל רק את מה שלימדוני הוריי מאז לידתי? אם רק היית מראה לי יסוד ברור והוכחה להחלטתי-אתמלא בשמחה ובתודה אליך.

אין דבר מוחשי אותו עיניי יכולות לראות. אם אלך אחרי מה שרבים אומרים- כל שהאמנתי בו מילדותי כאמת- ימצא כהבל וְחָסֵר כל משמעות. יהא עלי לבחון מחדש ולחשוב מהי האמת והאם כל זה באמת הבל הבלים. מה ראוי בעֲבורי- בעינייך?

אבא אלוהים!

בידיך לעשות הכול . אתה יכול לייסד הכול ויכול להביא הכול לידי הבנה.אם תתיר זאת – אנא תן לי לראות זאת כאן מול עיניי.

הנח לי לדעת בבירור ובדיוק. הנח לי להבחין מהי האמת-כשאני נושא עיניי אל השמיים הנח לי לראות מישהו שיופיע בפניי על מנת ליישב את דאגותיי וחרדותיי.

אינני יכול פשוט ליטוש את כל אשר האמנתי בו. אינני מוכן להיות אדם הבוגד בכל מה שלמד וראה. עד שכל מה שאני תוהה לגביו – יוסבר לי בבירור וְיאושר בפניי כאמת.

אלוהי הראני – באמת הראני ותן בִּי הבנה. אבא אלוהים!

אנא הראני! הבהר נא לי את הדברים הללו... עוררני!

אני כה מוטרד מדברים רבים-וַאֲני מאמין בכל ליבי שכל אשר שמעתי עד כה הוא:

האמת-אך בכל פעם שמתיש אני את עצמי בניסיון למצוא תשובות-אני מגיע לְנקודה בה יש בי יותר שאלות. מדוע הצמא שלי לתשובות אינו מגיע לרוויה?

«רק אם אוכל לראות הכול בבירור ואֶהֱיֶה בטוח בזאת-אוכל להתנחם ולדעת שאינני בוגד. רק אם אוכל להבחין מהי האמת ואוכל לקבל מענה לשאלותיי-בנוגע לכל אשר שמעתי –אוכל למצוא שלום.»

שני העדים- שהינם יהודים- יחפשו עמוקות אחר האמת הטהורה – ואלוהים יענה להם וישלח להם איש אלוהים אשר דרכו- יבינו את תוכנית אלוהים לטיפוח האנושות וִיקבלו את ישוע המשיח. הם יישארו על הארץ במשך שבע שנות הצרה הגדולה וִישרתו בישראל בכדי להשיב את העם בְּתשובה-בכדי להיוושע. הם יקבלו כוח מיוחד מאלוהים ויעידו על ישוע המשיח – לכל ישראל.
הם יהיו מקודשים לחֲלוטין בעיניי אלוהים – ויוציאו את שירותם לפועל במשך 42 חודשים ככתוב בחזון יוחנן פרק י"א 2. הסיבה לזאת ששני העדים יבואו מישראל הינה: מאחר ותחילת וסוף הבשורה הן: עם ישראל. הבשורה נלקחה לעולם כולו על ידי השליח שאול – כעת אם הבשורה תגיע לישראל- אשר הייתה נקודת ההתחלה שלה-פעלי הבשורה יושלמו.

ישוע אמר במיפעלות השליחים פרק א׳8: «אֲבָל בְּבוֹא עֲלֵיכֶם רוּחַ הַקֹּדֶשׁ תְּקַבְּלוּ כֹּחַ וִתְהְיוּ עֵדַי הֵן בִּירוּשָׁלַיִם וְהֵן בְּכָל יְהוּדָה וְשׁוֹמְרוֹן, עַד קְצֵה הָאָרֶץ.» עד קצה הארץ: מתייחס כאן לישראל- אשר תהא יעדה הסופי של הבשורה.

שני העדים יטיפו לְבני ישראל על:מסר העץ ויסבירו להם על דרך הישועה בכוחו הלוהט של אלוהים. הם יחוללו נסים ונפלאות מדהימים שיאשרו את המסר. יהא בכוחם לסגור את השמיים- כך שלא יֵירֵד גשם במהלך הימים בם ינבאו. כמו כן: יהא בכוחם להפוך מים לדם ולהכות את הארץ בכל מגפה

אפשרית- ככל שירצו.

כתוצאה מזאת: יהודים רבים ישובו לאדון- בעוד שבו זמנית יהיו אנשים שיחושו נקיפות מצפון חֲמורות וְינסו להרוג את שני העדים. לא רק בני ישראל יְנַסּוּ זאת- אלא גם אנשים רעים רבים מְמדינות אחרות ישנאו את שני העדים שנאה עזה ותחת שליטת צורר המשיח ינסו להורגם.

מות הקדושים של שני העדים ותקומתם מן המתים

הכוח שיהא בידי שני העדים יהא כה עצום עד שלא ימצא אדם אשר יָעֵז לפגוע בם. לבסוף:תיקחנה הרשויות חלק בניסיון להורגם. אך הסיבה למות שני העדים לא תהא -הרשויות,-אלא שעיתוי מות הקדושים-יהא רצון אלוהים בעֲבורם. המקום בו הם יעונו למוות הוא לא אחר מאשר מקום צליבת ישוע, מה שירמוז על תקומתם מן המתים.

כשנתלה ישוע – חיילים רומים הציבו שמירה לידי מקום קבורתו בכדי לוודא שאיש לא ייקח את גופתו. אך גופתו לא נראתה שוב- מאחר והוא קם מן המתים. האנשים שימיתו את שני העדים- יזכרו זאת וידאגו לבל מישהו ייקח את גופותיהם. לכן: לא יתירו לקָברם- אלא יותירו את גופותיהם ברחוב בכדי שכל אדם בעולם יוכל לראות [אף דרך המֶדְיָה] את גופותיהם חסרות הֶחַיים. למראה מותם-אותם אנשים רעים –יחושו בתוכחה במצפונם עקב הבשורה אותה הטיפו שני העדים- וישמחו רבות במותם.

כל העולם ישמח ויחגוג ותקשורת ההמונים [המדיה] תפיץ את החדשות על מותם לכל העולם דרך הלוויינים במשך שלושה ימים ומֶחֱצָה. בַּחֲלוֹף שלושת הימים ומֶחֱצה-יקומו לְתחייה שני העדים – וְיילקחו השמיימה בעָנן של כבוד, בדיוק כשם שאליהו הנביא נלקח השמיימה בסופה. המראה המדהים הזה ישודר בכל רחבי העולם וַאֲנָשִׁים רבים יצפו בו.

בשעה זו תהא רעידת אדמה גדולה- וַעֲשירית מהעיר תיפול- שבעת אלפים איש ימותו ברעידת אדמה הזו. בחזון יוחנן פרק י"א 3-13 זה מתואר בפרטים כדלקמן:

«וְאֶתֵּן לִשְׁנֵי עֵדַי וְנִבְּאוּ אֶלֶף וּמָאתַיִם וְשִׁשִּׁים יָמִים וְהֵם לְבוּשֵׁי שַׂקִּים. אֵלֶּה הֵם שְׁנֵי הַזֵּיתִים וּשְׁתֵּי הַמְּנוֹרוֹת הָעוֹמְדִים לִפְנֵי אֲדוֹן הָאָרֶץ. וְאִישׁ אִם יִרְצֶה לְהָרַע לָהֶם, תֵּצֵא אֵשׁ מִפִּיהֶם וְתֹאכַל אֶת אוֹיְבֵיהֶם; מִי שֶׁיִּרְצֶה לְהָרַע לָהֶם, בְּדֶרֶךְ זֹאת מוֹת יוּמָת. יֵשׁ לָהֶם הַסַּמְכוּת לַעֲצֹר אֶת הַשָּׁמַיִם כְּדֵי שֶׁלֹּא יֵרֵד גֶּשֶׁם בִּימֵי נְבוּאָתָם, וְסַמְכוּת לָהֶם עַל הַמַּיִם לַהֲפֹךְ אוֹתָם לְדָם וּלְהַכּוֹת אֶת הָאָרֶץ בְּכָל מַכָּה שֶׁיִּרְצוּ. כַּאֲשֶׁר יִגְמְרוּ אֶת עֵדוּתָם, הַחַיָּה הָעוֹלָה מִן הַתְּהוֹם תַּעֲשֶׂה עִמָּהֶם מִלְחָמָה, תְּנַצַּח אוֹתָם וְתַהַרְגֵם. גְּוִיּוֹתֵיהֶם תִּהְיֶינָה בִּרְחוֹב הָעִיר הַגְּדוֹלָה הַנִּקְרֵאת בְּאֹפֶן רוּחָנִי סְדוֹם וּמִצְרַיִם, אֲשֶׁר שָׁם גַּם נִצְלַב אֲדוֹנָם. וּמִן הָעַמִּים וְהַשְּׁבָטִים וְהַלְּשׁוֹנוֹת וְהָאֻמּוֹת יִרְאוּ אֶת גְּוִיּוֹתֵיהֶם בְּמֶשֶׁךְ שְׁלוֹשָׁה יָמִים וָחֵצִי, וְלֹא יַרְשׁוּ לְהַנִּיחַ אֶת גְּוִיּוֹתֵיהֶם בְּקֶבֶר. יוֹשְׁבֵי הָאָרֶץ יִשְׂמְחוּ עֲלֵיהֶם וְיַעַלְזוּ, וְיִשְׁלְחוּ מָנוֹת אִישׁ לְרֵעֵהוּ, כֵּן שְׁנֵי הַנְּבִיאִים הָאֵלֶּה הִכְאִיבוּ לְיוֹשְׁבֵי הָאָרֶץ. אַחֲרֵי שְׁלוֹשָׁה יָמִים וָחֵצִי בָּאָה בָּהֶם רוּחַ חַיִּים מֵאֵת הָאֱלֹהִים; הֵם קָמוּ עַל רַגְלֵיהֶם וּפַחַד גָּדוֹל נָפַל עַל רוֹאֵיהֶם. אָז שָׁמְעוּ קוֹל גָּדוֹל מִן הַשָּׁמַיִם אוֹמֵר לָהֶם: « עֲלוּ הֵנָּה!», וְהֵם עָלוּ בֶּעָנָן הַשָּׁמַיְמָה לְעֵינֵי אוֹיְבֵיהֶם. אוֹתָהּ שָׁעָה הִתְחוֹלְלָה רְעִידַת אֲדָמָה גְּדוֹלָה; עֲשִׂירִית הָעִיר נָפְלָה וְשִׁבְעַת אֲלָפִים אֲנָשִׁים, לִשְׁמוֹתֵיהֶם, נֶהֶרְגוּ בִּרְעִידַת הָאֲדָמָה; וְהַנִּשְׁאָרִים נֶחֶרְדוּ וְנָתְנוּ כָּבוֹד לֵאלֹהֵי הַשָּׁמַיִם.»

לא משנה כמה עקשנים הם יהיו – אם יש בליבם שמץ של טוב לב – הם יבינו שהרעידה הגדולה, תחיית שני העדים וַעֲלייתם השמיימה – הן: פעלי אלוהים, והם יתנו לאלוהים כבוד. הם יאלצו להכיר בעובדה שלפני אלפיים שנה, ישוע קם מן המתים בכוח אלוהים. אך למרות כל ההתרחשויות הללו, יהיו אנשים רשעים שלא יתנו כבוד לאלוהים.

מפציר אני בכולכם לקבל את אהבת אלוהים. עד לרגע האחרון:חפץ אלוהים להושיע אתכם וחפץ שתשמעו לשני עדיו. שני העדים יעידו בכוחו הֶעָצום של אלוהים שהם באו ממנו. הם יעוררו אנשים רבים לאהבת אלוהים ורצונו עבורם. והם ידריכו אתכם לתפוס את ההזדמנות האחרונה לישועה.

מפציר אני בכם שלא לעמוד לצד האויבים השיכים לשטן עצמו-כי הוא יובילכם לאבדון, אלא שתקשיבו לשני העדים ותיוושעו.

פֶּטרה: מפלט ליהודים

הסוד הנוסף אותו שמר אלוהים עבור ישראל עמו הנבחר- הינו פטרה: אשר תשמש מקום מפלט במשך 7 שנות הצרה הגדולה. בִּישעיהו פרק ט״ז 1-4 ניתן למצוא הסבר על המקום ששמו פטרה (בעברית: סלע):

«שִׁלְחוּ-כַר מֹשֵׁל-אֶרֶץ מִסֶּלַע מִדְבָּרָה אֶל-הַר בַּת-צִיּוֹן. וְהָיָה כְעוֹף-נוֹדֵד קֵן מְשֻׁלָּח תִּהְיֶינָה בְּנוֹת מוֹאָב מַעְבָּרֹת לְאַרְנוֹן. הביאו (הָבִיאִי) עֵצָה עֲשׂוּ פְלִילָה שִׁיתִי כַלַּיִל צִלֵּךְ בְּתוֹךְ צָהֳרָיִם סַתְּרִי נִדָּחִים נֹדֵד אַל-תְּגַלִּי. יָגוּרוּ בָךְ נִדָּחַי מוֹאָב הֱוִי-סֵתֶר לָמוֹ מִפְּנֵי שׁוֹדֵד כִּי-אָפֵס הַמֵּץ כָּלָה שֹׁד תַּמּוּ רֹמֵס מִן-הָאָרֶץ.»

מואב מסמלת את ירדן מזרחית לישראל. פטרה הינה: אתר ארכיאולוגי בִּדרום מערב ירדן- השוכן למרגלות הר חור שבבקעה ביחד עם הֶהָרים היוצרים את הצלע המזרחי של עֲרָבָה (בקעת ערבה). עֲרָבָה הינה: עמק גדול הנמתח מים המלח עד מפרץ עקבה. פטרה מזוהה בדרך כלל עם השם: «סלע» שמשמעותו כשמו – עם התייחסות תנ״כית בִּמלכים ב› פרק י״ד 7.

לאחר שיבת האדון באוויר- הוא יקבל אליו את הנושעים והם יָחֹגגו – את סעודת החתונה בת שבע השנים. לאחר מכן יירד האדון ארצה עם הנושעים וימשול בעולם במשך אלף שנים. הצרה הגדולה תכסה את הארץ במשך שבע שנים – החל מביאתו השנייה של האדון באוויר למען לקיחת המאמינים ועד שיבתו ארצה. במשך שלוש שנים ומֶחצה –מחֱציתה השנייה של הצרה הגדולה- 1,260 ימים- יסתתר עם ישראל במקום שהכין עבורו אלוהים בתוכניתו. מקום מפלט זה יהא: פטרה (חזון יוחנן פרק י״ב 6-14).

אם כן מדוע יזקקו בני ישראל למחֲבוא זה?

מאז שבחר אלוהים בעם ישראל -הותקף ונרדף עם זה על ידי מספר רב של גויים. הסיבה לכך הינה: השטן- אשר תמיד מתנגד לאלוהים- ניסה למנוע

מישראל לקבל את ברכת אלוהים. דבר זהה יתרחש באַחֲרִית הימים.

כשיבינו בני ישראל דרך שבע שנות הצרה הגדולה: שמשיחם ומושיעם הינו: ישוע – אשר בא אל העולם לפני אלפיים ואחת עשרה שנים-הם ירצו לשוב בִּתשובה-אך השטן ירדוף אותם עד כלות על מנת למנוע מהם לשמור על אמונתם.

אלוהים היודע הכול:הכין מקום מסתור עבור עמו הנבחר- ישראל- ודרך מַחֲבוא זה יפגין אלוהים את אהבתו אליהם שלא תֶּחֱסַר דבר. בהתאם לתוכנית ואהבת אלוהים-תיכנס ישראל לפטרה על מנת להימלט ממַחֲריביה.

בדיוק כשם שאמר ישוע בִּבשורת מתתיהו פרק כ״ד 16: «אָז הַנִּמְצָאִים בִּיהוּדָה, שֶׁיָּנוּסוּ אֶל הֶהָרִים» יצליחו בני ישראל להימלט משבע שנות הצרה הגדולה לְמקום מפלט בהרים- כך ישמרו על אמונתם ויוושעו.

כשהִכָּה מלאך המוות בכל בכורות מצרים -הֶעֱבירו בני ישראל ביניהם את סוד משיחת משקופי הדלתות בדמו של שה-וכך נמלטו ממכת בכורות.

באורח דומה:יודיעו בני ישראל זה לזה על מקום המחבוא אליו ימלטו לפני שממשלת צורר המשיח תתחיל לבצע בם מעצרים. הם יידעו על פטרה – מאחר ומבשרים רבים העידו ללא הרף על מקום מחבוא זה – ואף אלה שלא האמינו ישנו את דעתם וִיחפשו מַחֲבוא זה. מקום המַחֲבוא הזה לא יוכל להכיל יותר מדי אנשים. למעשה:אנשים רבים אשר ישובו בִּתשובה דרך המסר של שני העדים – לא יצליחו להתחַבא בפטרה וישמרו על אמונתם במשך הצרה הגדולה – וימותו מות קדושים.

אהבת אלוהים המתבטאת דרך שני העדים ופטרה

אחים וַאֲחָיוֹת יקרים, האם איבדתם את ההזדמנות להיוושע בִּלקיחת המאמינים כשישוע ישוב? אם כן:אל נא תהססו לברוח לפטרה – ההזדמנות האַחֲרונה להיוושע הניתנת לכם בחסד אלוהים. בקרוב יבואו אסונות גדולים מידי צורר המשיח. עליכם להסתתר בפטרה לפני שדלת החסד האחרונה תיסגר כתוצאה מהתערבות צורר המשיח.

ובכן: האם נכשלתם בניסיונכם להגיע לפטרה? אם כן: הדרך היחידה בַּעֲבורכם

111
צְפוּ וְהַקְשִׁיבוּ!

להיוושע ולהיכנס בשערי שמיים הינה: לא להתכחש לאדון – ולא לקבל את תו החיה «666». עליכם להתגבר על מיני עינויים איומים ולמות מות קדושים. המשימה אינה קלה כלל – אך עליכם לעשות זאת בכדי להימלט מעינויים נצחיים באגם האש הבוערת.

משאלת ליבי הינה: שלא תפנו גבכם לישועה בכך שתזכרו את אהבתו האינסופית של אלוהים בכל זמן ותגברו על הכול באומץ רב. בעת שתיאבקו ותילחמו כנגד פיתויים ורדיפות אשר צורר המשיח יטיל עליכם אנו-אחים וְאֲחָיוֹת באמונה-נתפלל בנאמנות עבור ניצחונכם.אך רצוננו האמיתי בַּעֲבוּרכם הינו: שתקבלו את ישוע המשיח לפני שיתרחשו כל הדברים הללו – על מנת שתילקחו השמיימה ביחד עמנו ותיכנסו לְסעודת החתונה בשוב אדוננו. אנו מתפללים ללא הרף בדמעות אהבה: שאלוהים יזכור את מעשי האמונה של אבותינו הגדולים והבריתות שכרת עמם – וייתן לכם שוב את חסדה הנפלא של הישועה.

באהבתו הגדולה – הכין אלוהים את שני העדים ואת פטרה – בכדי שתוכלו לקבל את ישוע המשיח כמושיע ולהיוושע. עד לרגע האחרון של היסטורית האנושות אני מפציר בכם לזכור את אהבתו האינסופית של אלוהים – אשר לעולם לא יִטּוֹשׁ[מן המילה נטישה] את אהבתו אליכם.

לפני שישלח אלוהים את שני העדים – בניסיונו להכין אתכם לצרה הגדולה הקרבה לבוא – שלח אלוהיי האהבה איש אלוהים אשר הפקיד בידו לספר לכם: מה יתרחש באַחֲרִית הימים בעולם ולהוביל אתכם בנתיב הישועה. אלוהים אינו רוצה שתישארו כאן – לעבור את שבע שנות הצרה הגדולה. אף אם תישארו בעולם לאחר לקיחת המאמינים השמיימה – רוצה אלוהים שתתפסו ותַחֲזיקו את בקשר היחיד לישועה. זוהי אהבתו המופלאה של אלוהים.

לא יעבור זמן רב לפני ששבע שנות הצרה הגדולה תָּתְחַלְנָה. בעת הסבל הגדול ביותר שנראה אי פעם בהיסטוריה אנושית – יגשים אלוהינו את תוכניתו האוהבת בַּעֲבוּרכם-עמו ישראל. היסטורית טיפוח האנושות תושלם ביחד עם השלמת היסטורית ישראל.

אם בני ישראל יבינו את רצונו האמיתי של אלוהים וִיקבלו את ישוע כמושיעם כבר עתה – אף אם יהא צורך לתקן את הכתובים הכוללים את היסטורית ישראל- יהא אלוהים מוכן לעֲשות זאת. זאת מאחר ואהבת אלוהים לישראל הינה: מעבר לכל דמיון.

אך יהודים רבים הלכו, הולכים ויֵלכו בדרכיהם שלהם – עד לרגע המכריע. אלוהים הכול-יכול אשר יודע כל מה שעומד להתרחש בעתיד, יְיעֵד בעֲבורכם את ההזדמנות האחרונה להיוושע וּמדריך אתכם באהבתו האינסופית:

«הִנֵּה אָנֹכִי שֹׁלֵחַ לָכֶם אֵת אֵלִיָּה הַנָּבִיא לִפְנֵי בּוֹא יוֹם יְהוָה הַגָּדוֹל וְהַנּוֹרָא. וְהֵשִׁיב לֵב-אָבוֹת עַל-בָּנִים וְלֵב בָּנִים עַל-אֲבוֹתָם פֶּן-אָבוֹא וְהִכֵּיתִי אֶת-הָאָרֶץ חֵרֶם» (מלאכי פרק ג׳ 23-24).

נותן אני את כל הכבוד והתודה לאלוהים- אשר מוביל באהבתו האין סופית אל: נתיב הישועה -לא רק את עמו הנבחר ישראל- אלא אף את כל הֶעַמִים.

ד"ר ג'יי רוק לי

ד"ר ג'יי רוק לי נולד בשנת 1943: במואן מחוז ג'או נאם ברפובליקת קוריאה. בשנות העשרים לחייו סבל ד"ר לי ממספר מחלות חֲשוכות מרפא במשך שבע שנים וציפָּה למוות ללא כל תקווה להחְלמה. אך באחד מימיי האביב בשנת 1974 הלך לקהילה עם אחותו וכאשר כרע ברך בכדי להתפלל: אלוהים החי ריפאו בו במקום מכל מחֲלותיו.

מאותו הרגע בו ד"ר לי פגש את אלוהים החי דרך החוויה המדהימה הזו: הוא אהב את אלוהים בכנות ומכל הלב ובשנת 1978 הוא נקרא להיות משרת אלוהים. הוא התפלל נחֲרצות בכדי להבין בבהירות את רצון אלוהים בכדי לממשו בְּשלמותו וציית לכל דבר אלוהים. בשנת 1982 הוא ייסד את קהילת מאן מין המרכזית בסיאול דרום קוריאה ופעֲלי אלוהים רבים הכוללים: ניסי ריפוי ונפלאות מתרחשים בְּקהילתו.

בשנת 1986 הוסמך ד"ר לי לשרות: כרועה קהילה בהתחברות השנתית של קהילת סאנג קיול ישוע שבקוריאה וארבע שנים לאחר מכן בשנת 1990 הטפותיו החלו לעלות לשידור בחברת השידורים של המזרח הרחוק, תחנת

השידור האסייתית ומערכת הרדיו הוושינגטונית המשיחית: לאוסטרליה, רוסיה, הפיליפינים ומקומות רבים אחרים.

שלוש שנים לאחר מכן בשנת נבחרה: קהילת מאן מין המרכזית לאחת מ-«50 הקהילות הראשיות בעולם» על ידי מגזין העולם המשיחי (ארצות הברית) וד"ר לי קיבל: תואר שלישי של כבוד בתֵאולוֹגְיָה ממכללת האמונה המשיחית בפלורידה שבארצות הברית ובשנת 1996 קיבל דוקטורט בשירות ממכללת דרך המלך לתיאולוגיה – באייווה שבארצות הברית.

משנת 1993 נטל ד"ר לי את ההנהגה בשליחות לעולם דרך מסעות רבים מעבר לים בערים: לוס אנג׳לס, בולטימור, ניו יורק שבארצות הברית, טנזניה, ארגנטינה, אוגנדה, יפן, פקיסטן, קניה, הפיליפינים, הונדורס, הודו, רוסיה, גרמניה, פרו והרפובליקה הדמוקרטית בקונגו ובשנת 2002 הוא נקרא: «רועה לעולם כולו» מטעם עיתונים משיחיים נודעים בקוריאה עקב פעליו במסעות שונים מעבר לים.

עד מרץ 2014 קהילת מאן מין המרכזית הינה קהילה של למֵעלה מ- 120,000 חברים ו-10,000 קהילות בת מקומיות ומעבר לים בכל רחבי תבל. נשלחו כבר למעלה מ-123 שליחים ל-23 מדינות הכוללות את: ארצות הברית, רוסיה, גרמניה, קנדה, יפן, סין, צרפת, הודו, קניה וַאֲחרות.

עד היום כתב ד"ר לי 93 ספרים הכוללים את רבי המכר: טעימת חיי הנצח בטרם מוות, חיי אמונתי 1 ו-2, מסר העץ, מידת האמונה, השמיים 1 ו-2, הגיהינום, וכוח אלוהים, הספרים תורגמו ללמֵעלה מ-76 שפות.

כיום ד"ר לי מכהן כמייסד נשיא ויושב ראש מספר אגודות ארגוני שליחויות ובהן: יושב ראש: קהילת הקדושה המאוחדת של קוריאה; נשיא: עיתון בישור האומה; נשיא: שליחות מאן מין העולמית; מייסד: טלוויזיית מאן מין; מייסד ויושב ראש וועד: הרשת המשיחית הגלובלית[העולמית] (ג׳י סי אן); מייסד ויושב ראש וועד: רשת הרופאים המשיחית העולמית (וו סי די אן); ומייסד ויושב ראש וועד: מכללת מאן מין הבינלאומית (אם איי אס).

ספרים חזקים אחרים מפרי עט המחבר

השמיים 1: יפים וזכים כְּבדולח

שרטוט מפורט מאוד על סביבת חיים יפיפייה שנהנים ממנה אזרחי השמיים במרכז פאר אלוהים.

השמיים 2: מלאים בפאר אלוהים

העיר הקדושה ירושלים החדשה: ששנים עשר שעריה עשויים מאבני פנינה בוהָקות, נמצאת בלב השמיים הרחבים מבריקה בצורה זוהרת כאבני חן יקרות ערך.

מסר העץ

מדוע ישוע הינו המושיע היחיד? מסר יקיצה חזק ביותר לכל הישנים רוחנית. בספר זה תמצאו את אהבת אלוהים האמיתית.

טעימת חיי נצח בטרם מוות

עדויות וזיכרונות דוקטור ג׳יי רוק לי הנכבד שנולד מחדש ונושע ממעמקי המוות וחי חיים משיחיים למופת.

גיהינום

מסר רציני לכל האנושות מאלוהים שאינו רוצה ולו נפש אחת תיפול למעמקי הגיהינום! תגלו את הגילויים שמעולם לא נחֱשפו על אכזריות מציאות התהום והגיהינום.

www.ingramcontent.com/pod-product-compliance
Lightning Source LLC
LaVergne TN
LVHW061552070526
838199LV00077B/7014
* 9 7 8 8 9 7 5 5 7 9 3 8 7 *